Norbert Kleyboldt (Hg.)

Paulus.
Identität und Universalität
des Evangeliums

dialogverlag

Bibliografische Information Der Deutschen Bibliothek
Die Deutsche Nationalbibliothek verzeichnet diese Publikation in der
Deutschen Nationalbibliografie; detaillierte bibliografische Daten sind im Internet
über http://www.d-nb.de abrufbar.

ISBN 978-3-941462-12-0

1. Auflage 2009
© 2009 by dialogverlag Münster

Das gesamte Werk ist im Rahmen des Urheberrechtsgesetzes geschützt. Jegliche
vom Verlag nicht genehmigte Verwertung ist unzulässig. Dies gilt auch für die
Verarbeitung durch Film, Funk, Fernsehen, fotomechanische Wiedergabe, Tonträger
jeder Art, elektronische Medien sowie für auszugsweisen Nachdruck und die
Übersetzung.

Gesamtherstellung: **dialog**verlag Münster

Norbert Kleyboldt (Hg.)
Paulus.
Identität und Universalität des Evangeliums

─┬─ **dialog**verlag

Inhalt

Vorwort 7
Franz-Josef Overbeck und Frank Meier-Hamidi, Münster

Apostolische Existenz

Paulus von Tarsus – seine Bekehrung und Berufung 12
Thomas Söding, Bochum

Paulus als Missionar 44
Robert Vorholt, Bochum

Universalität der Sendung

„Exkulturation" und „Mikrokommunikation".
Blicke in den Missionsalltag des Paulus 56
Alfons Fürst, Münster

Von der heutigen Notwendigkeit „paulinischer Kühnheit".
Weltkirche auf dem Weg zur kulturellen Vielfalt 69
Giancarlo Collet, Münster

Identität des Evangeliums

Reformatorische Pauluslektüre 82
Michael Beintker, Münster

Die Rechtfertigungslehre des Paulus in
soziologisch-sozialgeschichtlicher Perspektive 93
Martin Ebner, Münster

Markion, ein radikaler Pauliner: sein Irrtum und seine Wahrheit 105
Thomas Ruster, Dortmund

Autoren 123

Vorwort

Paulus.
Identität und Universalität des Evangeliums

Das von Papst Benedikt XVI. anlässlich der 2000-jährigen Wiederkehr der Geburt des Apostels Paulus vom 28. Juni 2008 bis zum 29. Juni 2009 ausgerufene Paulusjahr hat im Bistum Münster große Resonanz gefunden. Theologische Vorträge, Predigtreihen, Bibelarbeiten, Konzerte, Führungen und Seminare zu Person und Theologie des Paulus fanden bistumsweit regen Zuspruch. Allein in der Akademie Franz Hitze Haus sind im oben genannten Zeitraum dreizehn Veranstaltungen zu Paulus durchgeführt worden.

Für das Bistum Münster liegt es in besonderer Weise nahe, sich mit Paulus und seinem Erbe zu beschäftigen. Bistum und Bischofskirche sind durch den Heiligen Liudger, den ersten Bischof von Münster, dem Heiligen Apostel Paulus geweiht.

Vor diesem Hintergrund lud das Bistum am Fest der Bekehrung des Apostels Paulus eine breite Öffentlichkeit zu Gottesdiensten in den Paulusdom ein und veranstaltete in Zusammenarbeit mit beiden theologischen Fakultäten der Universität und der Akademie Franz Hitze Haus eine Theologische Akademie im Fürstenberghaus.

Dem vorliegenden Band liegen Vorträge, die anlässlich des Paulusjahres in der Akademie Franz Hitze Haus gehalten wurden und die Beiträge der Theologischen Akademie „Identität und Inkulturation. Von Paulus lernen" vom 24.1.2009 im Fürstenberghaus zugrunde.

Die Botschaft des Apostels Paulus spannt einen weiten Bogen, zu dessen elliptischen Punkten sowohl die „Kirche" als auch die „Theologie als Nachdenken" der Kirche für die Welt gehören. Die räumliche Nähe zwischen der Bischofskirche sowie vielen wichtigen Institutionen der Diözese am Domplatz und der Westfälischen Wilhelms-Universität, insbesondere der Katholisch-Theologischen Fakultät, weisen zeichenhaft auf diesen Bezug hin.

Die hier unter dem Titel „Paulus. Identität und Universalität des Evangeliums" versammelten Beiträge wollen den Apostel Paulus in diesem Spannungsbogen würdigen.

Im zweiten Vers des zwölften Kapitels des Römerbriefes heißt es: „Gleicht euch nicht dieser Welt an, sondern wandelt euch und erneuert euer Denken, damit ihr prüfen und erkennen könnt, was der Wille Gottes ist: was Ihm gefällt, was gut und vollkommen ist" (Röm 12,2). Paulus beginnt mit dem zwölften Kapitel seine Reflexion auf das Leben der Glaubenden in der Gemeinde von Rom (und darüber hinaus in der Kirche). Seine Weisungen erinnern die Christen daran, sich nicht in das einfache konkrete Wesen dieser Weltzeit (griechisch: Schema) einzufügen, sondern sich verwandeln zu lassen, indem ihre Vernunft als praktisches Entscheidungszentrum von der neuen Wirklichkeit des Lebens, das im Glauben ergriffen wird, bestimmt wird. Paulus beschreibt einen Existenzwandel, den er schon in seiner Tauftheologie, die sich im sechsten Kapitel des Römerbriefes entfaltet, aufgezeigt hatte. Die Vernunft des Christen wird durch diese Erneuerung fähig, in jeder konkreten Situation wahrzunehmen, zu beurteilen und zu entscheiden, was Gottes Wille ist: nämlich das Gute, das Gott will, auch zu tun. Wer nämlich in der Liebe den Glauben wirksam werden lässt, der entspricht Gottes Willen.

Paulus betreibt Theologie, indem er mit den Mitteln der Vernunft dem Geheimnis des Glaubens, dessen innere Mitte Christus selbst ist, nachgeht. Die Kirche ist immer wieder darauf verwiesen, solchermaßen von der Theologie bereichert wie auch kritisch befragt zu werden. Die Theologie ist Teil der lebendigen Kirche. Die Erneuerung und Wandlung des Denkens und das Herausgerufensein durch die Vernunft bezeugen vor diesem Horizont die Lebendigkeit der Kirche in einem ihrer wesentlichen Vollzüge.

Die Themen, die in diesem Band behandelt werden, sind in diesem Rahmen zu begreifen. Sie erinnern uns als Kirche an die Notwendigkeit guten und vernunftgemäßen theologischen Tuns und die Theologie selbst an ihre Beheimatung in der Kirche. Identität und Universalität des Evangeliums sind die Leitbegriffe des missionarischen Wirkens des Völkerapostels. Das Verhältnis beider zueinander ist seit 2000 Jahren einem ständigen Wandel unterworfen. In der Weise, wie sich die Identität des Glaubens und die Universalität seiner Verkündigung in Glaubenskommunikation und Mission zueinander verhalten sollen, ist noch heute viel von Paulus zu lernen.

Die Identität des Evangeliums gründet in der bleibenden Einzigartigkeit des Gottes Israels, der sich in Jesus Christus den Menschen zuwendet, sie zur Umkehr ruft und sie in eine kritisch-heilsame Distanz zur je eigenen Weltzeit bringt.

Die Universalität des Evangeliums gründet in der grenzüberschreitenden Dynamik, mit der sich der Gott Jesu Christi allen Menschen zuwendet, zunächst Juden und Christen, letztlich aber den Menschen aller Zeiten und Kulturen.

Das Verhältnis von Identität und Universalität des Evangeliums ist in der Biografie des Paulus selbst begründet. Die ersten beiden Aufsätze zeichnen nach, wie die Universalität der apostolischen Sendung in der Bekehrung des Apostels wurzelt. Im Durchgang durch die entscheidenden neutestamentlichen Quellen erläutert Thomas Söding, Neutestamentler an der Katholisch-Theologischen Fakultät der Universität Bochum, die vielfältigen Deutungskategorien der Bekehrung des Paulus, erschließt das Verständnis der Bekehrung als Berufung, wägt historische Anhaltspunkte ab und wendet sich kritisch, trotz zahlreicher erzählerischer Kontraste der Textzeugen, gegen antijudaistische Deutungen.

Robert Vorholt, ebenfalls Neutestamentler in Bochum, lenkt das Augenmerk auf Programm und Praxis paulinischer Missionsarbeit, auf das Bemühen des Apostels, bei aller Weltoffenheit der Verkündigung, für die Übereinstimmung des Evangeliums mit Jerusalem Sorge zu tragen und ein funktionierendes Netzwerk von Apostel und Gemeinden zu organisieren.

Alfons Fürst und Giancarlo Collet, beide Professoren der Katholisch-Theologischen Fakultät der Universität Münster, widmen sich im zweiten Teil dem Inkulturationsthema. Die Möglichkeit der Begegnung des Evangeliums mit fremden Kulturen beschäftigt in der Weite seiner Verstehensmöglichkeiten die Kirche von ihren frühen Anfängen an. Das Zusammentreffen der Botschaft Jesu mit der griechischen Denkweise in der apostolischen Zeit, mit hellenistischer Philosophie und anderen religiösen Welten, hat die Weite des christlichen Glaubens selbst offen gelegt, der sich immer wieder als fähig erweist, in jeder Kultur die eigene Prägung zu entfalten und diese zu verwandeln. Das Thema „Inkulturation" wird unter geschichtlichen Perspektiven mit Blicken in den Missionsalltag des Paulus von Alfons Fürst, Inhaber des Lehrstuhls für Alte Kirchengeschichte, entfaltet. Giancarlo Collet, Ordinarius für Missionswissenschaft, nimmt sich der Perspektive der Weltkirche auf dem Weg zur kulturellen Vielfalt an, indem er an die Kühnheit der paulinischen Mission erinnert, die auch heute notwendig ist.

In einem dritten Teil geht es um Fragen der „Identität" und der Wirkungsgeschichte paulinischer Theologie. Die Frage nach der Identität des Evangeliums wird profiliert im Begriff der Rechtfertigung, ein Zentralgedanke reformatorischer Theologie, mit dem sich Paulus über Augustinus und Luther wirkmächtig in die Geistesgeschichte des Abendlandes eingeschrieben hat. In den Beiträgen von Michael Beintker und Martin Ebner begegnen uns sehr verschiedene Deutungsweisen der paulinischen Rechtfertigungsbotschaft. Hier greifen biblische und systematische Herangehensweisen eng ineinander. Sie geben Einblicke in die Spannbreite aktueller ökumenischer Diskussion um das rechte Verstehen des paulinischen Ansatzes.

Ausgehend von der Pauluslektüre Luthers hebt Michael Beintker, Ordinarius für Reformierte Theologie an der Evangelischen Fakultät der Universität Münster, das paulinische und damit biblische Profil der klassischen reformatorischen Rechtfertigungslehre hervor. Der Aufsatz Martin Ebners, Ordinarius für Neutestamentliche Exegese an der Katholisch-Theologischen Fakultät, setzt auf die Lesart der „New Perspective on Paul" – der „neuen Paulusperspektive", die die paulinische Rechtfertigungsbotschaft vor allem ethnisch-soziologisch versteht und ihre Funktion darin sieht, für Juden und Heiden eine neue gemeinsame Heilsidentität zu markieren.

Den Schlusspunkt bildet Markion. Thomas Ruster, Professor für Systematische Theologie in Dortmund, stellt den als Ketzer verschrienen Theologen als einen Paulusschüler dar, dessen pointiert dualistische Theologie bei allen Verirrungen zu einer klärenden Unterscheidung im Gottesverhältnis beigetragen hat und noch heute eine Klärung der Identität des Evangeliums provozieren kann.

Den Autoren dieses Bandes danken wir, dass sie ihre Beiträge der Veröffentlichung zur Verfügung stellen und verbinden dies mit dem Wunsch, dass die anregenden Diskussionen und Gespräche, die sich anlässlich der Vorträge ergeben haben, durch den vorliegenden Band weiter geführt werden mögen.

Dr. Franz-Josef Overbeck   Dr. Frank Meier-Hamidi

Apostolische Existenz

Paulus von Tarsus – seine Bekehrung und Berufung

Thomas Söding

1. Ein Mensch mit einer Biographie

Paulus ist ein Mensch mit Profil – auch wenn er nirgends im Neuen Testament portraitiert wird.[1] Das Profil gewinnt er nicht nur durch seine markante Theologie, sondern auch durch seine dramatische Biografie. Diese Lebensgeschichte ist entscheidend durch eine Lebenswende geprägt. Das Sprichwort sagt, historisch nicht ganz korrekt: „Vom Saulus zum Paulus". Die Faszination, die von der paulinischen Biografie ausgeht, kann sich an vielen Punkten festmachen: an seiner enormen Energie, an seiner weitblickenden Missionsstrategie, an seinem Einsatz für die Gründung und den Aufbau der Gemeinden, an seiner Rhetorik und an der Kraft, der Substanz und Wirkung seiner Briefe, schließlich an seinem Martyrium. Aber geprägt ist sie von dem, was sich vor Damaskus ereignet hat. Die Künstler aller Zeiten haben die Szene tausendfach dargestellt: Paulus stürzt vom Pferd (auch wenn die Bibel gar nicht erzählt, dass er – geschweige hoch zu Ross – geritten sei); er liegt am Boden; er wird aber wieder aufstehen und seinem Leben eine andere Richtung geben.

Diese Lebenswende wird in der Apostelgeschichte gleich dreimal erzählt, einmal als Bericht des Verfassers (Apg 9,1-22), zweimal in Reden, wenn Paulus vor Gericht Rechenschaft über seinen Lebensweg ablegt (Apg 22,5-16; 26,12-18). Die Lebenswende wird in den Paulusbriefen vielfach besprochen, immer so kurz wie pointiert, und zwar sowohl in den unzweideutig von Paulus selbst verfassten Briefen, als auch in den wahrscheinlich unter seinem Namen von seinen Schülern verbreiteten. Meist kommt Paulus auf das Thema zu sprechen, weil er mit seiner Vergangenheit konfrontiert wurde und den Vorwurf zurückweisen muss, kein richtiger Apostel, sondern ein gefährlicher Apostat zu sein. In der Paulusschule ist das Lebenswerk des Meisters zwar unumstritten, aber seine dramatische Geschichte präsent und ein Zeichen der Hoffnung, was Gottes Gnade alles gutmachen kann.

2. Kategorien der Deutung

Wie die Lebenswende des Paulus verstanden wird, ist allerdings strittig. Paulus selbst öffnet ein weites Bedeutungsspektrum: Mal spricht er von einem Sehen (1Kor 9,1), mal von einer Erscheinung (1Kor 15,8), mal von einer Erleuchtung (2Kor 4,5f.), mal schreibt er von einer Offenbarung (Gal 1,15f.), mal von einer Erkenntnis (Phil 3,4-11). Die Exegese streitet sich, ob man besser von einer Bekehrung oder einer Berufung sprechen oder auf andere Kategorien wie Erfahrung und Erlebnis ausweichen soll. Eine Antwort gewinnt an Aussagekraft, wenn man nicht nur die unstrittig paulinischen Briefe konsultiert, sondern auch die nach herrschender Meinung aus der Paulusschule stammenden Schreiben studiert und sie mit der Apostelgeschichte vergleicht. Dann werden vom bestimmenden Anfang her auch die Paulusbilder etwas deutlicher, die das Neue Testament zeichnet und die in der Geschichte der Kirche, aber auch der abendländischen wie der morgenländischen Kultur tiefen Eindruck gemacht haben.

Die Kirche feiert am 25. Januar das Fest der Bekehrung Pauli. Der Lesungstext wird aus der Apostelgeschichte (Apg 9,1-22 oder 22,1a.3-16) genommen, das Evangelium aus dem erweiterten Markusschluss mit dem universalen Missionsbefehl. Bekehrung und Sendung werden verbunden, aber auch die Absage an die Christenverfolgung und die Zuwendung zur Kirche.

Die Kategorie der Konversion ist allerdings in die Kritik geraten, weil sie in der Neuzeit als Religionswechsel verstanden wird[2]: Sie erwecke den Eindruck, dass Paulus dem Judentum abgeschworen und das Christentum von seinen jüdischen Wurzeln gelöst habe. Das ist in der liberalen Theologie des 19. Jahrhundert tatsächlich oft so gesehen und dem Apostel hoch angerechnet worden.[3] Die neuere Paulusforschung aber hat die jüdischen Wurzeln und den jüdischen Horizont der paulinischen Theologie neu erkannt; sie sieht im Völkerapostel den großen Friedensstifter zwischen Juden und Christen.[4] Deshalb wird die Kategorie der „Bekehrung" heute oft kritisiert, ja mit dem Verdacht des Antijudaismus konfrontiert.

Allerdings hat „Bekehrung" im antiken Umfeld des Neuen Testaments einen anderen Sinn[5]. Wenn sie einen Religionswechsel bezeichnet, dann den zum Judentum, weil dort Religion und Wahrheit verbunden sind; dem Drama der Konversion entspricht deshalb die Idee des Martyriums[6]. Das Beispiel des Sokrates schlägt allerdings eine Brücke zur Philosophie: Die Begegnung mit der Wahrheit fordert eine Bekehrung; sie nimmt das gesamte Leben in Beschlag. Sie kann urplötzlich geschehen, wenn es einem wie Schuppen von den Augen fällt; sie kann auch das Ergebnis eines langen inneren Prozesses sein. Entscheidend ist, dass das Leben eine neue Richtung nimmt, weil es einen neuen Eindruck gegeben hat, der tief geprägt hat. Deshalb ist nach wie vor zu fragen, ob und in welchem Sinn Paulus eine „Bekehrung" erfahren hat, auch wenn der Terminus weder in den Briefen noch in der Apostelgeschichte begegnet. In der Exegese wird er diskutiert, freilich kontrovers: Gehören Apostolat und Apostasie zusammen?[7] Ist die Bekehrung des Paulus ein Modell?⁸ Von was kehrt Paulus sich ab? Wem kehrt er sich zu? Die starke Vorprägung des Begriffs erfordert eine genaue exegetische Vergewisserung.

Die heutige Exegese bevorzugt die Kategorie der Berufung⁹. Sie ist durch den paulinischen Sprachgebrauch selbst gedeckt: Im Galaterbrief redet Paulus *expressis verbis* davon, dass Gott ihn „berufen" habe (Gal 1,15). Er bezieht sich auf alttestamentliche Berufungsgeschichten, wie sie vor allem für die Prophetie prägend sind, auch für Mose, mit dessen Sendung Paulus die seine eingehend verglichen hat, um der tötenden Macht des Gesetzes die rettende Macht des Evangeliums entgegenzusetzen (2Kor 3). Das zeigt das Konfliktpotential der Deutungskategorie. Wenn man sagt, Paulus habe sich nicht vom Judentum gelöst, sondern sei zum Apostel geworden, der eine missionarische Sendung zu erfüllen habe, kehren die Probleme wieder, die bei der Diskussion einer „Bekehrung" begegnen. Denn Paulus sieht sich ja als „Apostel der Heiden" (Röm 11,13), denen er keine Beschneidung auferlegt und dennoch die Vollmitgliedschaft im Gottesvolk verschafft sieht, wenn sie nur dem Evangelium glauben. Die theologische und christologische Prägung ist denkbar stark. Um so wichtiger auch hier, konzentriert auf die Texte und aufmerksam für ihre Wirkungen zu analysieren, wie Paulus selbst seine Berufung gesehen hat und wie sie von seinem Umfeld gesehen worden ist.

Wer offener sprechen will, redet vom Damaskuserlebnis oder von der Damaskuserfahrung. Dadurch kommt das subjektive Moment deutlich heraus, das für Paulus wesentlich war, so wie er in 1Kor 9,1 formuliert:

„Bin ich nicht frei?
Bin ich nicht Apostel?
Habe ich nicht den Herrn gesehen?"

Von „Erfahrung" und „Erlebnis" zu reden, schlägt Brücken zur Psychologie.¹⁰ Sie würden eingerissen, wenn die Vision auf eine Autosuggestion reduziert¹¹ oder als ein purer Willensakt, sei es auch ein Gnadenakt Gottes aufgefasst würde, den ein Mensch über sich ergehen oder an sich geschehen ließe, ohne persönlich beteiligt zu sein. Paulus spricht aber von seiner Freiheit – die er nicht von Gott erkämpft, sondern von Gott erhalten hat, dass er sie sich zu eigen mache, verteidige und gestalte¹². Aber auch im weiten Feld zwischen Rationalismus und Fundamentalismus öffnen sich breite Problemzonen. Die Begriffe „Erfahrung" und „Erlebnis" entstammen der modernen Subjektphilosophie¹³ und der Soziologie¹⁴. Sie lassen die Gottesfrage offen. Das aber heißt, dass die entscheidende Frage, die von den neutestamentlichen Texten gestellt wird, ausgespart bleibt. Das muss kein Nachteil sein, wenn man auf der Ebene der Phänomenologie, der Soziologie, der Historie bleibt und darin der Konkretion und Kontingenz des Heilshandelns Gottes folgt. Die Leerstellen schließen ja Gott auch nicht aus, sondern lassen erst fragen, was eine Gotteserfahrung oder ein Gotteserlebnis eigentlich ist (in der Wahrnehmung derer, die sie gemacht zu haben glauben, und derer, die davon überzeugt sind, dass bestimmte Menschen sie gemacht zu haben glauben). Sowohl die paulinischen und deuteropaulinischen Texte wie auch die lukanischen Erzählungen sind überzeugt, dass an und mit Paulus etwas passiert ist, das auf Gott zurückgeht und das deshalb theologisch beschrieben werden muss. Paulus nennt es eine „Offenbarung" (Gal 1,15f.).

Will man aber die Dimension der Theologie und Christologie nicht ausblenden, die für Paulus, seine Schüler und seinen Historiographen Lukas die entscheidende ist, kehren die Kategorien der Berufung und Bekehrung in die Diskussion zurück. Setzt eine Berufung nicht irgendwie immer eine Bekehrung voraus? Wenn aber Bekehrung – dann vom Judentum zum Christentum? Und zielt eine echte Bekehrung nicht darauf, dass man seine wahre Berufung entdeckt? Wenn aber Berufung – dann Verrat an Israel?

3. Das Geschehen der Wende
In seinen Briefen malt Paulus das Damaskusereignis nicht aus; er beleuchtet keine politischen, juristischen, psychologischen Hintergründe, sondern stellt einen einzigen Zusammenhang her: Ihm, der die Kirche zu verwüsten suchte, hat Gott seinen Sohn offenbart und damit den entscheidenden Anstoß gegeben, sein Leben zu ändern (Gal 1,13-16). Weil Paulus einen unlösbaren textlichen und sachlichen Zusammenhang herstellt, wird es auch einen historischen Zusammenhang geben. So lässt sich verstehen, dass derjenige, der in glühendem Eifer die Christen verfolgte, nun zum glühenden Verkünder des Evangeliums wird.

Sucht man nach historischen Konkretionen, bieten die Briefe der Paulusschule nichts; sie arbeiten vielmehr das Typische und Vorbildliche am Damaskusgeschehen heraus. Auch die authentischen Paulinen verraten wenig. Apokryphe Paulustraditionen haben keinen zusätzlichen Quellenwert, so wichtig sie für populäre Paulusbilder in Altertum, Mittelalter und Neuzeit sind.[15]

Die Apostelgeschichte hingegen zeichnet ein plastisches Bild. Saulus, der schon eine mörderische Rolle bei der Steinigung des Stephanus spielte (Apg 7,58 – 8,3), macht die Verfolgung der „Kirche" (Apg 8,3) und der „Jünger des Herrn" (Apg 9,1) zu seiner Sache. Er lässt sich vom Hohenpriester „Briefe nach Damaskus an die Synagogen" ausstellen, um die „Vollmacht" (Apg 26,10.12) zu haben, dort Christinnen und Christen – es heißt: „solche des Weges, Männer wie Frauen" – gefangennehmen und nach Jerusalem überstellen zu können (Apg 9,1f.; vgl. 22,5). Auf dem Weg taucht er in ein himmlisches Licht (vgl. Apg 22,6; 26,13), stürzt zu Boden (vgl. Apg 22,7), hört die Stimme Jesu (vgl. Apg 22,8ff.), kann nicht mehr sehen, wird von seinen Begleitern an die Hand genommen und nach Damaskus geführt (vg. Apg 22,11), lebt dort drei Tage, ohne etwas zu essen und zu trinken, und wird dann von Hananias getauft (vgl. Apg 22,16), erlangt sein Augenlicht wieder (vgl. Apg 22,13) und beginnt kurz danach mit der Verkündigung (Apg 9,3-22; vgl. 26,19f.).

Das Bild, das die Apostelgeschichte zeichnet, ist nicht unplausibel: Die Christen versammeln sich in Häusern; zwischen Jerusalem und Damaskus gibt es enge Verbindungen, im Hohen Rat und bei den Hohenpriestern gibt es Initiativen, aber auch Kontroversen, die Judenchristen von ihrem Weg abzubringen.

Dennoch sind in der historisch-kritischen Exegese viele Details umstritten.[16] Dass die Apostelgeschichte mit starken eigenen Strichen ein charakteristisches Paulusbild formt, ist nicht zu bestreiten und entspricht den literarischen Standards antiker Historiografie.[17] Die Versionen der Geschichte sind immer so erzählt, dass sie zwar im Kern übereinstimmen, aber genau zur Situation und zur Person passen: Auslassungen, Akzentuierungen, Hinzufügungen und ambitionierte Kombinationen gehören zum Rüstzeug des antiken Historikers, der zuerst genau recherchiert, dann aber literarisch arrangiert.[18]

Umstritten sind vor allem zwei Punkte: erstens die direkte Beteiligung des Paulus am Martyrium des Stephanus und anderen Maßnahmen gegen Christen in Jerusalem[19] und zweitens die Ausweitung der Verfolgung nach Damaskus. Lukas setzt voraus, dass der Arm des Hohenpriesters bis in die syrische Stadt reichte. In Apg 9 erzählt er, die Initiative sei von Paulus-Saulus ausgegangen, in Apg 26 lässt er ihn sich damit verteidigen, dass er regelrechte Vollmachten vom Hohenpriester und Hohenrat erhalten habe.

Beide Angaben sind im Kern plausibel[20]: Dagegen, dass Paulus sich aktiv an Christenverfolgungen in Jerusalem beteiligt hat, wird zwar Gal 1,22 angeführt, dass er den „judäischen Gemeinden von Angesicht unbekannt" blieb; aber der Vers bezieht sich auf die apostolische Zeit des Paulus. Das gilt auch für die Fortsetzung (Gal 1,23): „Sie hörten nur: Der uns einst verfolgte, verkündet jetzt den Glauben, den er früher zu vernichten suchte." Das „Uns" findet sich im Nebensatz, nicht im Hauptsatz. Wahrscheinlich sind die Christen Judäas und Jerusalems einbezogen, denen es zu Ohren kommt. Dass er jetzt missioniert, ist die neue Information für sie, nicht die Verfolgertätigkeit, die sie der Apostelgeschichte zufolge am eigenen Leibe gespürt haben. Lukas hatte zwar ein Interesse, den Kontrast zwischen Einst und Jetzt zu betonen und Paulus mit Jerusalem zu verbinden, aber auch historische Anhaltspunkte, es zu tun.

Dagegen, dass er im offiziellen Auftrag nach Damaskus gezogen sei, um Christen gefangenzunehmen, wird eingewendet, dass es keine rechtliche Basis für einen solchen Vorstoß gegeben habe[21]. Aber Damaskus ist als Ort der Lebenswende (Apg 9,3: „als er sich Damaskus näherte") hinreichend bezeugt. Von der Stadt spricht Paulus in der Narrenrede des Zweiten Korintherbriefes, dass er mit knapper Not vor dem Ethnarchen des Nabatäerkönigs Aretas entkommen sei (2Kor 11,32; vgl. Apg 9,23-31). Dass Paulus als Verfolger die Vision gehabt hat, die ihn zum Apostel hat werden lassen, ist seinen Briefen zu entnehmen und entscheidend für die Rekonstruktion der paulinischen Lebenswende. Offen bleibt nicht, ob Paulus in Damaskus tätig gewesen ist, sondern ob er nicht nur aufgrund eigener Initiative, sondern auch im – mehr oder weniger – offiziellen Auftrag von Jerusalem aus gehandelt hat. Da analoge Quellen fehlen, bleibt ein erheblicher Unsicherheitsfaktor. Man müsste mit rechtlichen Grauzonen rechnen, kann aber ein Interesse des Synhedrion schwerlich abstreiten, nicht nur in Jerusalem, sondern auch in Damaskus die Ausbreitung des Christentums zu behindern – mit willigen Helfern, als einer derer sich Paulus angedient haben kann, und mit rechtlichen Zwangsmaßnahmen, die Paulus später am eigenen Leibe vielfach hat erfahren müssen. Auch hier gilt: Ein Interesse des Lukas, den Christenverfolger Paulus mit Jerusalem zu verknüpfen, ist nicht von der Hand zu weisen; aber die Gegenargumente haben kein ausreichendes Gewicht, die Darstellung der Apostelgeschichte zu falsifizieren.

In Jerusalem richteten sich die Aktionen vor allem gegen die „Hellenisten", griechisch-sprachige Judenchristen (Apg 6,8 – 8,3; 11,19-22)[22]. Auch der Vorstoß nach Damaskus wird ihnen gegolten haben; denn Damaskus gehört, grob gesprochen, zur Diaspora. Oft wird bei den „Hellenisten" eine stärkere Tempel- und Gesetzeskritik vermutet, wie man sie auch Stephanus zur Last legt (Apg 6,11.13f).[23] So kann sich erklären, dass – später – „Hellenisten" in der Mission unter Gottesfürchtigen und Heiden aktiv zu werden beginnen (Apg 11,19-22). Allerdings ist es nach der Apostelgeschichte Petrus, der mit dem römischen Hauptmann Cornelius den ersten Nicht-Juden tauft (Apg 10). Offenkundiger ist eine religionssoziologische Erklärung: dass es in den landsmannschaftlich organisierten Synagogen eine größere räumliche und strukturelle Nähe gewesen ist, die den Diasporajuden Paulus zum Feind der Hellenisten hat werden lassen. Auch dann würde plausibel, weshalb Paulus sich später gerade von ihnen ansprechen lässt, mit ihnen – von Antiochia aus – auf Missionsreise zu gehen (Apg 11,25; 13,1ff.).

4. Die Bekehrung

Sowohl in den Briefen des Apostels und seiner Schüler[24] als auch in der Apostelgeschichte wird das, was sich vor Damaskus abgespielt hat, als Bekehrung gesehen, zwar nicht dem Wort, aber der Sache nach und unterschiedlich je nach den Gattungen und Standpunkten der Texte.

a) Die Bekehrung im Spiegel der Paulusbriefe
In historischer wie in theologischer Hinsicht kommt den allseits anerkannt echten Paulusbriefen das größte Gewicht zu. Auch wo die Differenzierung der historisch-kritischen Exegese nicht nachvollzogen wird, werden vor allem die Briefe an die Römer, an die Korinther, an die Galater und Philipper herangezogen, deren Authentizität unbestritten ist.

Früher ist Röm 7 oft als eine Art Bekehrungsbericht des Paulus gelesen worden.[25] Der Apostel leiht einem „Ich" Stimme, das durch die Begegnung mit dem Gebot Gottes verführt worden ist, den Willen Gottes zu brechen, und am Ende nur noch hoffen und beten kann, von Gott errettet zu werden (Röm 7,7-25). Dieses „Ich" ist jedoch nicht das individuelle Ich des Paulus noch das des typischen Juden oder Christen, sondern das Adams, der das entscheidende Tabu gebrochen hat, weil er sein wollte „wie Gott" (Gen 3,5).[26] Nur so erklärt sich Vers 9: „Einst lebte ich ohne Gesetz". Paulus lebte vor Damaskus keineswegs „ohne Gesetz", sondern im Feuereifer für das Gesetz. „Ohne Gesetz" lebt kein Jude, lebt auch kein Heide, dem es nämlich als Stimme seines Gewissens ins Herz geschrieben ist (Röm 2,12-16); ohne Gesetz lebte aber im Paradies Adam, bis er das Verbot hörte, vom Baum der Erkenntnis, dem Baum des Lebens, zu essen. Röm 7 ist kein Konversionsbericht des Apostels, sondern eine Psychologie Adams.

Aber auch wenn Röm 7 ausfällt, hat Paulus von seiner Bekehrung geschrieben. Das verrät die Konvertitensprache, die er an einigen Stellen wählt. Ein Beispiel ist 2Kor 4,5f.[27]:

> „⁵Wir verkünden nicht uns selbst, sondern Jesus Christus als den Herrn, uns selbst aber als eure Knechte um Jesu willen. ⁶Denn Gott, der aus der Finsternis sprach: ‚Es werde Licht', der hat es Licht werden lassen in unseren Herzen zum Lichtschein der Erkenntnis der Herrlichkeit Gottes auf dem Antlitz Christi."

Zwar ist auch bei diesem Passus umstritten, ob er sich auf Damaskus bezieht. Aber es spricht viel dafür. Entscheidend ist nicht die Übereinstimmung mit dem Licht in den lukanischen Erzählungen vom Damaskusereignis, sondern die Syntax. In Vers 6 zitiert Paulus zuerst die Genesis, um dann von „unserer" Herzenserleuchtung zu sprechen. Die hat ihrerseits ein Ziel: dass die „Erkenntnis der Herrlichkeit Gottes auf dem Antlitz Christi" aufleuchtet. Dieses Leuchten kann aber nicht noch einmal meinen, was bereits zuvor in der Genesis-Adaption gesagt worden war, sondern ist dessen Konsequenz: Es bezieht sich auf die Christen, die glauben, weil ihnen das Evangelium einleuchtet (2Kor 4,4) – durch den Apostel, der es ausstrahlt.

Aus dieser Interpretation folgt zweierlei: Erstens gibt es eine Analogie zwischen der Erfahrung des Apostels und der aller Christenmenschen, wobei Paulus Erwachsene vor Augen hat, die sich frei für den Glauben entscheiden. Von Bekehrung, Umkehr, Metanoia spricht er in Röm 2,3f. Dort kritisiert Paulus – wie Jesus in der Bergpredigt (Mt 7,2) – das Richten von Menschen über andere Menschen: im Sinne einer endgültigen Verurteilung und Verdammung. Dem hält er, auf Gott bezogen, die rhetorische Frage entgegen; „Weißt du nicht, dass Gottes Güte dich zur Umkehr treibt?" Paulus sagt in jenen Versen nicht „Ich", sondern „Du". Er spricht nicht speziell von seinen eigenen Verfehlungen, auch nicht, wie meist interpretiert wird, speziell von den Sünden, die Juden begehen, sondern bleibt in der Urgeschichte der Genesis mit allgemeinen Aussagen über den Menschen. Aber es wird doch eine Ähnlichkeit sichtbar, gerade auch im Blick auf die Verurteilung anderer und die Güte, die zur Umkehr treiben soll.[28]

Zweitens hat Paulus zwar seinen apostolischen Dienst vor Augen, aber in 2Kor 4,4f. nicht unter dem Aspekt, worauf er zielt, sondern unter dem Aspekt, was in ihm persönlich sich abgespielt hat: Es ist eine neue Schöpfung, der Beginn eines neuen Lebens – durch eine Erleuchtung.

Im Philipperbrief beschreibt Paulus gleichfalls diese innere Kehre, allerdings nicht von der Seite Gottes her, der das Licht des Glaubens in ihm angezündet hat, sondern von seiner eigenen Seite her, der ihm eine neue Erkenntnis aufgegangen ist (Phil 3,4-11):

> „[4]Wenn ein anderer meint, aufs Fleisch vertrauen zu können, ich noch viel mehr, [5]der ich am achten Tag beschnitten wurde, aus dem Volk Israel bin, vom Stamm Benjamin, Hebräer von Hebräern, nach dem Gesetz Pharisäer, [6]nach dem Eifer Verfolger der Kirche, nach der Gerechtigkeit im Gesetz untadelig. [7]Doch was mir Gewinn gewesen, das habe ich um Christi willen für Verlust erachtet. [8]Ja, tatsächlich halte ich all das für Verlust um der überragenden Erkenntnis Christi Jesu willen, meines Herrn, dessentwegen ich alles verloren gebe und es einen Dreck achte, damit ich Christus gewinne [9]und in ihm erfun-

den werde, so dass ich nicht mehr meine eigene Gerechtigkeit habe, die aus dem Gesetz, sondern die durch den Christusglauben, die Gerechtigkeit aus Gott über den Glauben, [10]um ihn zu erkennen und die Macht seiner Auferstehung und die Gemeinschaft mit seinen Leiden, mitgestaltet zu werden von seinem Tod, [11]wenn ich denn so zur Auferstehung von den Toten gelange."

Der Passus[29] wird oft als Absage an die jüdische Vergangenheit des Paulus aufgefasst[30], aber zu Unrecht[31]. Paulus hat sein Judentum nie verleugnet. „Hebräer" zu sein, ist ihm eine Ehre (vgl. 2Kor 11,22) – so wie es Jesus auszeichnet, als Jude geboren zu sein (Röm 9,4f.). Allerdings fragt Paulus, ob er darauf seinen „Ruhm" gründen könne, das heißt: sein Ansehen vor Gott und den Menschen, das seinem Selbstbild entspricht. Hier macht er den Schnitt – so wie er im Römerbrief begründet, dass es zwar ein enormer Vorzug ist, als Jude geboren und im Gesetz erzogen, ja zur Gottesliebe geführt zu sein, dass aber das alles nichts hilft, wenn das Gesetz nicht gehalten wird (Röm 2,17-29).

Seinen „Ruhm" kann Paulus nur auf Gott gründen, wie der ihm in Christus erschienen ist, und deshalb im Glauben. Unter dieser Rücksicht muss er all das, woran er vorher seine Identität festgemacht hat, als „Dreck" erachten. Die Grundbestimmung seines neuen Lebens erfolgt durch Jesus Christus allein und nicht durch das Gesetz. Nur so kann er auf die volle Gemeinschaft mit Jesus Christus setzen, die noch den Tod überwindet. Deshalb kann man an ihm selbst den Grundsatz beachten, dass nicht die Werke des Gesetzes rechtfertigen, sondern der Glaube die Gerechtigkeit Gottes vermittelt. Von Glaubenszweifeln und Sinnkrisen, von unbewussten Schuldgefühlen oder uneingestandenen Sehnsüchten verlautet rein gar nichts. Vor Damaskus hat das Gesetz ihn, folgt man seinen eigenen Worten, nicht in eine existentielle Krise geführt, sondern zur Sicherheit eines pharisäischen Juden, der sich „in der Gerechtigkeit nach dem Gesetz untadelig" (Phil 3,6) glaubte. Nur deshalb ist der Umschwung so stark; nur deshalb die Kehre so scharf.

Allerdings führt das rhetorische Feuer Paulus dazu, in Phil 3 nur den Kontrast zwischen seinem früheren und seinem neuen Leben herauszuarbeiten. Differenzierungen fehlen; auch ein psychischer Prozess wird nicht deutlich. Dass es das Gesetz ist, in dem die Rechtfertigung durch den Glauben bezeugt ist (Röm 3,21; vgl. Gen 15,6); dass die Gerechtigkeit Israels im Vertrauen auf die Verheißung Gottes bestand und besteht; dass die Erwählung Israels gültig bleibt und seine endgültige Rettung eine sichere Hoffnung ist; dass Gott seinen Bund mit seinem Volk nicht gekündigt hat, sondern durch Jesus Christus bejaht, bekräftigt und erfüllt – all das schreibt Paulus in Phil 3 nicht, wohl aber in anderen Schriften. Es ist für seine Theologie konstitutiv.[32]

Die harte Kontrastierung indes, die in Phil 3 zum Stilprinzip wird, zeigt, dass Paulus die Sprache eines Konvertiten spricht. Es ist zwar zuzugestehen, dass der Begriff „Bekehrung" fehlt; deshalb waltet zu Recht exegetische Vorsicht. Aber der Sache nach spricht Paulus zu den Philippern vom Drama seiner Konversion. Es ist freilich keine vom Judentum zum Christentum, sondern eine vom „Eifer" zur Erkenntnis, von der Verfolgung der Kirche zur Verkündigung des Evangeliums, von der Verwerfung Christi zum Glauben an Gott durch, mit und in Christus.

Die radikale Veränderung ist nicht mit einer Absage an das Judentum verbunden, weil ja Jesus selbst Jude ist (Röm 9,5) und Gott sein Evangelium „vorangekündigt hat durch seine Propheten in Heiligen Schriften" (Röm 1,2); wohl aber führt die Konversion zu einer entschiedenen Neupositionierung im Judentum, so dass die Grenzen, die es in paulinischen Augen gezogen hat, durchlässig geworden sind. Paulus löst sich nach eigenem Bekunden von seiner pharisäischen Prägung. Er distanziert sich damit von der wichtigsten Reformbewegung des frühen Judentums, die durch die Transformation der Rabbinen das orthodoxe Judentum bis heute bestimmt.[33] Es ist jene Bewegung, die der Beschneidung und den Reinheitsgeboten größtes Gewicht gab – als *identity markers,* die Juden von Heiden unterscheiden, aber mehr noch als Vorschriften priesterlicher Prägung, deren Einhaltung der Heiligung Israels dient.

Sein Judentum verleugnet Paulus nicht, sondern entdeckt es neu – so wie er die Heilige Schrift, die Bibel Israels, nicht zuklappt, sondern immer wieder aufschlägt, um sie neu zu lesen, und das Gesetz nicht abtut, sondern aufrichtet (Röm 3,31).[34] Aber das, was er bislang von seiner pharisäischen Ausbildung her als Gerechtigkeit gesehen hat, verwirft er, weil er erkennt, dass die Rechtfertigung nicht auf Werken des Gesetzes gründet, sondern auf dem Glauben an Jesus Christus.[35] Als „Hebräer" hat Paulus sich noch nach seiner Bekehrung bezeichnet, als „Pharisäer" nicht.

Allerdings ist eine doppelte Differenzierung angezeigt. Zum einen zeigt der Blick in seine Briefe, dass Paulus in seiner apostolischen Zeit nichts von dem vergessen hat, was er als Pharisäer – in Jerusalem bei Gamaliel (Apg 22,3) – gelernt hat: vor allem Schriftkenntnis und Schriftauslegung. Sein hermeneutischer Standpunkt hat sich verändert: Er deutet die Schrift in Christus, von ihm her und auf ihn hin. Aber deshalb liest er – nach eigener Wahrnehmung – genauer als bisher und versteht sie tiefer als vor Damaskus. Überdies hält Lukas, nicht ohne Humor, fest, dass Paulus in der Hoffnung auf die Auferstehung der Toten mit den Pharisäern übereinstimmt, mit den Sadduzäern aber nicht, was er sich vor dem Hohen Rat zunutze macht, um seine Gegner, die beiden Lagern entstammen, auszumanövrieren (Apg 23,1-11).[36]

Zum anderen spricht Paulus in Phil 3,7 von seinem verderblichen „Eifer", der ihn zum Verfolger der Kirche hat werden lassen. Dieses Stichwort begegnet gleichfalls in Gal 1,13f.[37]:

> „[13]Ihr habt von meinem Wandel im Judentum gehört, dass ich ohne Maß die Kirche Gottes verfolgte und zu vernichten suchte [14]und im Judentum Fortschritte machte, mehr als viele meiner Altersgenossen in meinem Volk, ein überschäumender Eiferer der väterlichen Überlieferungen."

Mit den „väterlichen Überlieferungen" meint Paulus die pharisäische Halacha, die konkrete Gesetzesauslegung, wie er sie nach Apg 22,3 in der Schule des Gamaliel gelernt hat. Mit seinem „Wandel im Judentum" meint Paulus die Art und Weise, wie er als Jude gelebt hat. Dieser Wandel war nach seiner kritischen Selbstanalyse einerseits durch große Ambitionen geprägt, andererseits aber durch „überschäumenden Eifer", der ihn zum Verfolger der Kirche hat werden lassen, weil er jedes „Maß" verloren hatte. Im Galaterbrief sagt Paulus also nicht, dass konsequentes Judentum und ungeteilte Gesetzestreue zur Christenverfolgung führten, sondern dass maßloser, überschäumender Eifer ihn auf den Irrweg religiöser Gewalt gebracht habe. Von diesem Wahn ist er bekehrt worden. Die Bekehrung geschieht nach dem Galaterbrief nicht vom Judentum zum Christentum, sondern von der Gewaltaktion zur Friedensmission.

Diese Bekehrung sieht Paulus im Philipperbrief weniger als „Erlebnis" denn als „Erkenntnis". Das passt zur Luzidität des Glaubens, die er in 2Kor 4,5f. anspricht. Die „Erkenntnis" ist eine des Glaubens; insofern setzt sie eine Umkehr voraus: Es wäre nicht möglich, auf dem Weg rationaler Reflexion zur Erkenntnis des Gekreuzigten als des messianischen Gottessohnes zu gelangen.[38] Aber der Glaube ist doch insofern eine „Erkenntnis", als er nicht irrational ist, sondern seine Gründe nennen kann. Nach Röm 12,1f. begründet er ein „neues Denken". In diesem Horizont wird klar, wie Paulus selbst Damaskus verstanden hat: Seine Bekehrung geht auf eine bessere Einsicht zurück; Paulus lässt seinen Irrtum hinter sich, dass Jesus Christus ein Blasphemiker sei und die Christen gefährliche Verrückte wären; er gelangt durch Jesus Christus zu einer neuen Gotteserkenntnis und einer neuen Gerechtigkeit, die er als die Gerechtigkeit Gottes begreift und praktiziert – eine Gerechtigkeit, die entscheidend auf die Gnade Gottes setzt. Dass die Bekehrung im Kern eine „Erkenntnis" ist, sichert, dass sie nicht irrational ist, sondern reflektiert, kritisiert, analysiert werden kann. Dass die „Erkenntnis" eine Bekehrung ist, zeigt, dass sie zur Begegnung mit der Wahrheit Gottes selbst führt - jedenfalls in den Augen des Apostels Paulus selbst, der so die Augen anderer öffnen will.

b) Die Bekehrung im Spiegel der Paulusschule
In den Briefen der Paulusschule wird der Aspekt der Bekehrung gerne aufgenommen und verstärkt[39]. Bei allen Tendenzen, den Apostel immer strahlender auch in seiner Lebensführung und seinem apostolischen Dienst als Heiligen dastehen zu lassen, gehört es doch zur Stärke – und zur Strategie – der Pastoralbriefe, die Lebenswende des Apostels nicht zu verschweigen, sondern laut und vernehmlich anzusprechen.

Im Ersten Timotheusbrief schreibt Paulus (durch die Hand eines Späteren) seinem Meisterschüler (1Tim 1,15f.):

> „[15]Christus Jesus ist in die Welt gekommen, Sünder zu retten, deren erster ich bin. [16]Aber ich habe deshalb Erbarmen gefunden, damit an mir als erstem Christus Jesus seine ganze Langmut erweise, zum Vorbild derer, die kommen und an ihn glauben werden zum ewigen Leben."

Vers 15 ist eine großartige Kurzformel des Glaubens. Vers 16 stellt den Apostel als Vorbild für alle Menschen hin, die auf Vergebung hoffen und sie im Glauben erlangen. Paulus ist der „Erste", der Gnade durch den Auferstandenen erfahren hat, keineswegs der Letzte. Die Schuld, die hier angesprochen wird, ist nicht etwa sein Gesetzesgehorsam im Judentum; das wäre für die Pastoralbriefe absurd, die das „Gesetz gut" nennen, „wenn es richtig praktiziert wird" (1Tim 1,8-11), und ausdrücklich Paulus bekennen lassen, „wie seine Vorfahren Gott mit reinem Herzen zu dienen" (2Tim 1,3). Vielmehr kann kein Zweifel bestehen, dass bei der Schuld des Paulus an die Verfolgung der Kirche gedacht ist, genauer an die Verlästerung und Verhöhnung der Christen (1Tim 1,13).[40]

Dass die Christenverfolgung eine Schuld war, hat Paulus in den anerkannt echten Briefen zwar nicht eigens gesagt, aber klar zu verstehen gegeben: Die Scham, die ihn überkommt, wenn er von seinem Wirken vor Damaskus schreibt, spricht Bände. Wenn der Pastoralbrief die Verfolgung der Kirche explizit Schuld nennt, dann nicht, um Antijudaismus zu fördern, sondern um die Möglichkeit der Vergebung stark zu machen. Paulus hat nach dem Timotheusbrief seine Schuld gesehen und bereut; sie ist ihm vergeben worden. Er hat auf einen neuen Weg gefunden. Seine Schuld war so groß, dass niemand zu verzweifeln braucht, der auf Gottes Langmut angewiesen ist. Paulus ist der Prototyp des begnadigten Sünders, der seine Lektion gelernt hat. Deshalb dürfen alle Sünder Hoffnung schöpfen, wenn sie auf Paulus schauen. Freilich macht er mildernde Umstände geltend: In Unwissenheit und Unglauben habe er gehandelt (1Tim 1,13) – ohne dass ihn dies entschuldigte und seinem Beispiel das Gewicht nähme.[41]

Der Erste Timotheusbrief geht einen wichtigen Schritt über die ursprünglichen Paulinen hinaus; denn weil er von der Schuld des Apostels spricht, deshalb auch von der Vergebung. Man kann sagen, es sei in der ursprünglichen Paulustheologie impliziert, dass der Apostel das Paradigma der Rechtfertigung durch Gottes Gnade ist. Aber dass diese Gnade Vergebung der Sünden bedeutet, hat erst die Paulusschule in ihren Paulusbriefen zum Ausdruck gebracht.

Nach dem Titusbrief zeichnet Paulus seine Konversion in einen größeren Horizont ein, der zwar nicht mehr das Spezifische seiner Schuld, aber eine Analogie zur Schuld anderer erkennen lässt, besonders der Heiden (Tit 3,3-7)[42]:

> „³Einst waren auch wir unverständig, ungehorsam, verirrt, geknechtet von mancherlei Leidenschaften und Begierden, in Bosheit und Neid uns herumtreibend, verhasst und einander hassend. ⁴Als aber die Güte und Menschenfreundlichkeit Gottes erschien, unseres Retters, hat er uns nicht aus Werken der Gerechtigkeit, die wir getan haben, gerettet, sondern gemäß seiner Gnade durch das Bad der Wiedergeburt und Erneuerung des Heiligen Geistes, ⁶den er reichlich ausgegossen hat durch Jesus Christus, unseren Retter, ⁷damit wir, gerechtfertigt mit jener Gnade, Erben würden gemäß der Hoffnung auf ewiges Leben."

Wie im Philipperbrief und im Zweiten Korintherbrief wird Paulus zum Paradigma der Rechtfertigung; bis hin zur Erwähnung der Taufe kann der Passus auf seine Biographie abgestimmt werden. Allerdings ist die Perspektive erheblich verschoben; der Passus ist nicht auf den Glauben, sondern auf die Ethik fokussiert und deshalb nicht in der Tiefe verankert wie in den paulinischen Hauptbriefen. Paulus macht sich nach dem Titusbrief im Wahn seines Übereifers mit denen gemein, die ihrer Leidenschaft frönen – und deckt so die Religion selbst als einen möglichen Ort des Egoismus auf, den er in einen Ort der Liebe verwandelt sieht.

c) Die Bekehrung im Spiegel der Apostelgeschichte

Lukas erzählt in Apg 9 von der Bekehrung des Paulus und vergisst dieses Motiv auch in den erzählten Reden des Paulus nicht, die den Aspekt der Berufung stärker hervortreten lassen. Saulus ist auf dem Holzweg, da er sich nach Damaskus aufmacht; an seinen Händen klebt Blut; der auferstandene Christus bringt ihn von der Verfolgung ab; die Blindheit, mit der er, der blindwütige Verfolger, nach der Vision geschlagen ist, zeigt seine dunkle Vergangenheit; dass er später wieder sehen kann, die Helligkeit seines neues Lebens. Die Bekehrung ist nicht nur ein innerer, sondern auch ein sakramentaler Vorgang; denn Paulus wird getauft und dadurch in die Kirche aufgenommen. Die Wende bringt ein Dialog (Apg 9,3-6):

> „³Auf dem Weg aber geschah es, als er sich Damaskus näherte, dass ihn plötzlich Licht aus dem Himmel umstrahlte ⁴und er auf die Erde fiel und eine Stimme hörte, die sprach: ‚Saul, Saul, was verfolgst du mich?'
> ⁵Da sagte er: ‚Wer bist du, Herr?'
> Der aber: ‚Ich bin Jesus, den du verfolgst. ⁶Doch steh auf und geh' in die Stadt, und es wird dir gesagt werden, was du tun musst.'"

Der Dialog ist nicht spektakulär, sondern schlicht und einfach. Die Christenverfolgung stellt sich als eine Verfolgung Jesu dar, der nämlich nicht nur, wie Paulus meinte, die Gestalt einer Vergangenheit ist, die leider Gottes nicht abgeschlossen ist, sondern einer Gegenwart, aus der sich die Präsenz der Christen ergibt. Saul erkennt, dass ein „Herr" zu ihm spricht, weiß aber zuerst nicht, wer es ist. Dieser Kyrios identifiziert sich als Jesus – damit ist über das Leben des Paulus entschieden, auch wenn ihm noch viel „gesagt werden" muss, was er „tun" soll. Der lukanische Bericht ist nicht nur ein erzählerisches Meisterwerk; deshalb braucht er kein Psychodrama zu zeichnen, sondern kann sich auf die Wirkung der Erzählung verlassen. Die Bekehrung ist ein Prozess – mit einem definitiven Anfang, einer plötzlichen Eingebung und einem unabsehbaren Ende.

In den beiden Verteidigungsreden weist Paulus die gegen ihn erhobenen Vorwürfe ab, gesteht aber Verfehlungen ein: Schuldig sei er freilich nicht nach, sondern vor Damaskus geworden. Dem jüdischen König Agrippa und dem römischen Statthalter Festus sagt er (Apg 26,9ff.):

> „⁹Zwar habe auch ich selbst gemeint, gegen den Namen Jesu, des Nazoräers, vieles tun zu müssen; ¹⁰und das habe ich in Jerusalem auch gemacht und viele der Heiligen ins Gefängnis gesperrt mit Vollmacht der Hohenpriester; und

wenn sie hingerichtet werden sollten, gab ich meine Stimme. [11]Und in allen Synagogen habe ich oft versucht, sie durch Strafen zur Lästerung zu zwingen; maßlos wütete ich gegen sie und verfolgte sie bis in die Städte draußen."

In der Rede bezichtigt Paulus sich der Maßlosigkeit – wie im Galaterbrief (Gal 1,13f.); Schuld und Verblendung gehen einher. Der Vorstoß nach Damaskus erscheint als Teil einer groß angelegten Strategie, in Jerusalem und Umgebung das entstehende Christentum zurückzudrängen; Zwangsmaßnahmen gegen die Christen reichen von Inhaftierungen und Folter bis zu Hinrichtungen. Für all das übernimmt Paulus die Verantwortung – nicht jedoch für das, was ihm zur Last gelegt wird: das Volk aufgewiegelt zu haben durch Kritik am Tempel und am Gesetz (Apg 24,5; vgl. 23,29).

Die Apostelgeschichte hilft aber nicht nur, die Geschichte der paulinischen Konversion zu erzählen; sie trägt auch dazu bei, das Verhältnis zu klären, das Paulus nach Damaskus zur pharisäischen Bewegung gehabt hat. Es ist nicht ohne Überraschungsmomente. Zum einen begegnet Paulus Pharisäern auch innerhalb der Kirche. Die Gegner seiner Heidenmission, die programmatisch auf die Beschneidung verzichtet, sind nach Apg 15 christlich gewordene Pharisäer, die im Blick auf die Heidenchristen verlangen: „Man muss sie beschneiden und ihnen sagen, das Gesetz des Mose zu halten" (Apg 15,5). Paulus selbst nennt sie „falsche Brüder", die angetreten seien, die Freiheit der Christen zu beschneiden (Gal 2,1-11). Nicht wenige seiner Briefe sind geschrieben worden, um die Auseinandersetzung mit Positionen innerhalb der Kirche zu führen, die Paulus vor Damaskus selbst vertreten hat (ohne dass seine Gegner wie er gewalttätig geworden wären).

Zum anderen sind die Pharisäer außerhalb der Christengemeinde keineswegs nur die Gegner, sondern zum Teil auch die Verbündeten des Paulus. So erzählt Lukas, dass es beim Verhör vor dem Hohen Rat nicht nur zur Spaltung zwischen Sadduzäern und Pharisäern wegen der Auferstehungsfrage gekommen sei, sondern auch zur Solidarisierung „einiger Schriftgelehrter von Seiten der Pharisäer" mit Paulus: „Wir finden an diesem Menschen nichts Böses! Wenn nun der Geist durch ihn redet oder ein Engel?" (Apg 23,9).

Auch wenn Lukas literarisch nachgeholfen hat: dass Paulus mit seiner Vergangenheit nicht einfach abgeschlossen hat, sondern dass er in einer lebendigen, wenngleich kritischen Beziehung zu Israel, zum Gesetz, zur Beschneidung bleibt, gehört zum Wesen seiner Bekehrung. Wäre es anderes, hätte Paulus seine Beziehung zu Jesus Christus missverstanden, der ihn aus der Bahn geworfen und seinem Leben eine neue Orientierung gegeben hat. Denn Jesus Christus selbst bekehrt ihn zwar von der Gewalt, aber nicht von seinem

Judesein; er führt ihn nicht zu einer neuen Religion, sondern zur Kirche aus Juden und Heiden.

5. Die Berufung

Die Bekehrung, die Paulus erfahren hat, ist eine Berufung, weil Jesus Christus ihn in seinen Dienst stellt. Die Berufung setzt die Bekehrung voraus, weil Paulus nicht nur über Jesus, sondern auch über das Gesetz und die Gerechtigkeit Gottes, die Beschneidung und den Glauben von Grund auf neu denken muss, um seinen Auftrag zu erfüllen. Wiederum zeigt das Bild unterschiedliche Facetten, je nachdem, ob man es im Licht der ursprünglichen oder der nachgeahmten Paulusbriefe oder der Apostelgeschichte betrachtet.

a) Die Berufung des Paulus im Spiegel seiner Briefe

Paulus führt in zwei Briefen seine Berufung näher aus: im Ersten Korintherbrief, um der Gemeinde nahezubringen, weshalb und was sie glaubt, so dass sie auf die Auferstehung der Toten hoffen darf; und im Galaterbrief, weil er in seiner Legitimität als Apostel angegriffen worden ist. In beiden Fällen spricht Paulus die Damaskusvision als eine Offenbarung an; aber aus den unterschiedlichen Anlässen erklären sich Unterschiede der Darstellung.

Die Korinther will Paulus davon überzeugen, dass es stimmig ist, an die Auferstehung der Toten zu glauben, wenn man sich zu Jesus Christus bekennt. Um die Basis seiner Argumentation zu legen, zitiert er das uralte Glaubensbekenntnis, das vielleicht sogar aus der Urgemeinde von Jerusalem stammt und Jesu Tod und Begräbnis mit seiner Auferweckung und seiner Erscheinung vor Petrus und den Zwölf verbindet (1Kor 15,3-5). Dieses Credo verbindet er zweifach mit dem Leben der Gläubigen und der Existenz der korinthischen Gemeinde: zum einen dadurch, dass er sie daran erinnert, es ihnen überliefert zu haben; zum anderen dadurch, dass er seine Verkündigung des Evangeliums auf seine Berufung zum Apostel und seine apostolische Sendung auf die Erscheinungen des Auferstandenen zurückführt (1Kor 15,1-11):

> „[1]Ich erkläre euch, Brüder, das Evangelium, das ich euch verkündet habe, das ihr auch angenommen habt, in dem ihr Stand gewonnen habt, [2]durch das ihr auch gerettet werdet, wenn ihr das Wort, das ich euch verkündet habe, festhaltet, ihr wäret denn umsonst zum Glauben gekommen. [3]Denn überliefert habe ich euch als erstes, was auch ich empfangen habe: Christus starb für unsre Sünden nach den Schriften [4]und ward begraben und wurde auferweckt am dritten Tage nach den Schriften und [5]erschien dem Kephas, dann den Zwölfen, [6]danach erschien er mehr als 500 Brüdern auf einmal, [7]danach

erschien er Jakobus, danach den Aposteln allen. ⁸Als letztem aber von allen, wie der Sturzgeburt, erschien er mir. ⁹Denn ich bin der geringste der Apostel, der ich nicht wert bin, Apostel zu heißen, weil ich die Kirche Gottes verfolgt habe. ¹⁰Doch durch Gottes Gnade bin ich, der ich bin, und seine Gnade ist bei mir nicht leer geworden, sondern mehr als alle anderen habe ich mich bemüht – nicht ich, sondern die Gnade Gottes mit mir. ¹¹Ob also ich oder jene: So verkünden wir, und so seid ihr zum Glauben gekommen."

Paulus ist der „letzte" oder der „geringste" der Apostel. Der erste ist Petrus. Auf ihn bezieht er sich immer wieder. Ihn erkennt er als Nummer Eins an. Aber als Letzter der Apostel hat er gleichfalls eine Schlüsselfunktion: Nach ihm ist definitiv Schluss. Welche Position auf Dauer wichtiger ist, die des ersten oder des letzten Apostels – darüber lässt sich trefflich streiten.[43]

Paulus sieht, dass Petrus so etwas wie einen Primat hat[44]. Er folgt aus der Chronologie der Auferstehung. Kephas ist nicht von ungefähr und nicht folgenlos der erste, dem Jesus Christus erschienen ist (vgl. Lk 24,34), um ihn zum Apostel zu berufen.[45] Der Primat des Petrus besteht für Paulus nicht in einer rechtlichen Aufsicht über ihn. Aber Paulus misst sich an Petrus; er bemüht sich um Kontakt zu ihm, um Anerkennung durch ihn, um Übereinstimmung mit ihm. Er sieht sich aber auf Augenhöhe mit Petrus, weil sie beide durch eine „Erscheinung" des Auferstandenen zu Aposteln gemacht worden sind, und notiert, dass dies auf dem Apostelkonzil von den „Säulen" der Kirche, Jakobus, Petrus und Johannes, auch anerkannt und per Handschlag besiegelt worden sei (Gal 2,1-10). Er „widersteht ihm ins Angesicht" (Gal 2,11-14), da er ihn in einer kritischen Situation als Heuchler sieht, der aus Angst wider besseres Wissen handelt, wenn er sich aus der – eucharistischen – Tischgemeinschaft mit Heidenchristen zurückzieht; er nimmt ihn aber für die These von der Rechtfertigung nicht durch Werke des Gesetzes, sondern durch den Glauben an Jesus Christus in Anspruch, die Paulus wie Petrus gerade als Juden, wegen ihrer Kenntnis des Gesetzes teilen oder doch teilen müssten (Gal 2,15f.). Auch nach dem antiochenischen Konflikt hält Paulus an seiner Hochschätzung des Petrus und seiner Verbindung mit ihm fest – die ja offenbar am Ende des Lebens in römischer Zeit bis hin zum Martyrium gedauert hat.

Dass Jesus nach 1Kor 15,5-8 den Aposteln „erschienen" ist, passt zum „Sehen", das Paulus in 1Kor 9,1 betont, verschiebt aber die Perspektive: Das Wort „erschien" stammt aus dem Alten Testament und steht dort, wo Gott oder ein Engel in Erscheinung tritt und sich sehen lässt, so in der Erzählung vom brennenden Dornbusch, die auf die Berufung des Mose zuläuft (Ex 3). Wenn also von einer „Erscheinung" Jesu gesprochen wird, wird gesagt, dass Jesus aus der Sphäre Gottes – im Bild: von seiner Rechten aus – in die Welt der Menschen eintritt, um von denen gesehen zu werden, denen er sich zeigen will. Es sind mit Kephas und den Zwölf diejenigen, die ihm schon zu Lebzeiten nachgefolgt sind und seinen Anspruch auf, mehr noch sein Bemühen um das ganze Gottesvolk Israel begründen, der eine als Fels, die anderen als Kreis der neuen Stammväter Israels.

Ohne dass es an dieser Stelle ausdrücklich gesagt würde, ist klar, dass die Erscheinung des Auferstandenen auf die Berufung zum Apostel zielt. Der Zusammenhang ist durch die Dornbuscherzählung traditionsgeschichtlich vorgegeben. Er wird durch den Aposteltitel gedeckt. Er wird von Paulus herausgearbeitet, indem er – auf einer offenkundig hervorragenden Informationsbasis – die Liste der Erscheinungen und Berufungen über Kephas und die Zwölf hinaus verlängert (1Kor 15,5ff.), um am Ende auch sich selbst einzutragen (1Kor 15,8-11).

Paulus knüpft an diese Überlieferung an, um seine Beziehung zum Evangelium zu klären, das er empfängt und tradiert, dann aber auch interpretiert, indem er die Auferstehungshoffnung begründet, und um seine Beziehung zu den anderen Aposteln zu klären. Er ist Apostel wie sie, aber der „letzte" und der „geringste", weil er die Kirche verfolgt hat, dem irdischen Jesus aber nicht nachgefolgt ist.[46] Als Apostel wie die anderen verkündet Paulus dasselbe Evangelium wie sie; dass er der „letzte" Apostel ist, der erst zu einem Zeitpunkt berufen wurde, als alle anderen schon waren, spiegelt sich darin, dass er vom Evangelium schreibt, er habe es „empfangen", bevor er es tradiert hat. Es gab das Evangelium, es gab die Apostel, es gab auch die Kirche bereits, bevor Paulus Apostel wurde. Das mindert nicht seinen Rang, zeigt aber, dass er berufener Apostel nicht allein, sondern von vornherein mit anderen zusammen und für das Evangelium ist.

Beides, die Klärung seiner Beziehung zum Evangelium und zu den Aposteln, dient dazu, die Beziehung der Korinther zur Auferstehung Jesu zu klären. Es ist nicht nur so, dass sie an die Auferweckung Jesu glauben; sie gehören vielmehr in die Geschichte der Auferweckung hinein. Sie sind ein Teil ihrer Wirkungsgeschichte. Denn so wesentlich für die Auferstehung ist, dass sie den Raum der Geschichte transzendiert, so wesentlich ist, dass sie sich geschichtlich zeitigt. Wäre es anders, wäre sie womöglich nur ein Akt der Rettung Jesu oder der Selbstbestätigung Gottes in seiner totenerweckenden Macht. Dann aber würde zerstört, was die gesamte Sendung Jesu ausmacht und Paulus in originärer Klarheit, geleitet von der Abendmahlstradition (1Kor 11,23-26), im *pro vobis, pro nobis, pro multis* und *pro omnibus* festhält. So aber das Für des Lebens und des Sterbens Jesu durch die Auferweckung Jesu zu eschatologischer Intensität kommen, kann es nicht nur futurisch-eschatologisch gedacht werden, auf die Auferweckung von den Toten hin, die Paulus in 1Kor 15 neu als Gegenstand der Hoffnung begründet, sondern auch präsentisch-eschatologisch. Soll die Heilsgegenwart nicht nur idealistisch beschrieben werden, muss auch von den Personen und Institutionen gesprochen werden, die es überhaupt erst möglich machen, dass Menschen glauben, hoffen und lieben, wie es Jesus Christus entspricht. Deshalb ist die Erscheinung und Berufung zum Apostolat wesentlich für die Auferstehung, deshalb auch die Verkündigung des Evangeliums für die Entstehung der Kirche. Paulus ist für die Korinther das Bindeglied. Er hat vor Ort das Fundament der Kirche gelegt, das Jesus Christus selbst ist (1Kor 3,10-17), der von den Toten auferweckte Gekreuzigte (1Kor 1,18-2,16).

Paulus kann dieses Bindeglied sein, weil auch ihm Jesus Christus erschienen ist, um ihn zum Apostel zu berufen, obgleich er nicht nur keine Ansprüche, sondern im Grunde auch keine Chance hatte, Apostel zu werden. Seine Berufung ist reine Gnade (1Kor 15,10) – aus der er das Beste gemacht hat, indem er „mehr als alle anderen" sich bemüht (1Kor 15,10) und so das apostolische Evangelium nach Korinth gebracht hat. In Präskript (Kor 1,1) nennt er sich ausdrücklich einen „berufenen" Apostel (vgl. Röm 1,1; Gal 1,1), der mit der „Ekklesia", der Kirche von Korinth korrespondiert; 1Kor 15,1-11 erzählt die Geschichte, die hinter dieser Adresse steht und konstitutiv für die Kirche ist.

Die Berufung zum Apostel, die Paulus in 1Kor 15 beschreibt und einordnet, umschließt seine Bekehrung. Er verschweigt seine Verfolgung der Kirche nicht. Der radikale Umschwung seines Lebens lässt die Größe der Gnade erkennen. Die Berufung bewirkt die Bekehrung: ohne Bekehrung würde Paulus dem Ruf Gottes, der ihn durch Jesus Christus ereilt, nicht folgen können.

Ausdrücklich spricht Paulus an einer anderen Stelle von seiner Berufung zum Apostel. Nachdem er im Galaterbrief seinen verhängnisvollen Übereifer analysiert hat, der ihn zum Verfolger der Kirche hat werden lassen (Gal 1,13f.), fährt er fort (Gal 1,15f.):

> „[15]Als es aber dem, der mich von meiner Mutter Leib erwählt und in seiner Gnade berufen hat, [16]gefiel, in mir seinen Sohn zu offenbaren, damit ich ihn den Völkern verkünde, ..."

Wie in 1Kor 15 ist die „Gnade" Gottes die entscheidende Größe. Sie hat nach Gal 1 schöpferische Kraft. Sie macht Paulus zu einem neuen Menschen (vgl. Gal 2,19f.). Das ist bereits vor seiner Geburt angelegt. Anders wäre Gottes Gnade Willkür; sie entspricht aber seinem Heilsplan; dafür sind Paulus durch die Vision die Augen geöffnet worden. Die Berufung geschieht durch eine „Offenbarung"[47]. Das passt zur Betonung der „Gnade"; es gehört auf eine Ebene mit der Rede von der „Erscheinung". Allerdings betont Gal 1 nicht die Aktivität des auferstandenen Jesus Christus, sondern die Gottes, des Vaters, der Jesus als seinen Sohn offenbart. Der Ort dieser Offenbarung ist das Ich des Apostels selbst. Paulus hätte auch sagen können: sein Herz, sein Sinn, seine Seele.

Die Offenbarung führt, mit Phil 3 zu sprechen, zu einer neuen Erkenntnis: dass der Gekreuzigte nicht ein von Gott Verworfener, sondern Gesegneter, ja der Segen Gottes selbst ist (Gal 3,13f.). Weil es sich um eine Erkenntnis handelt, kann, darf und muss diese Einsicht weitergegeben werden: Sie kann weitergegeben werden, weil sie ein Wissen begründet, das kommunikabel ist; sie darf weitergegeben werden, weil sie Wahrheit zu Gesicht bekommt; sie muss weitergegeben werden, weil sie mit Gottes Heil zu tun hat. Darin ist der Zusammenhang zwischen Offenbarung und Verkündigung begründet, den Paulus in Gal 1,15f. nachzeichnet. Wenn es aber um die Verbreitung von Wahrheit geht, erklärt sich die universale Weite: für alle Völker. Psychologisch kann man versuchen, sich verständlich zu machen, dass Paulus, von der Verfolgung der damaszenischen Christen abgebracht, sich der Diaspora zugewandt hat. Aber entscheidend ist die theologische Konsequenz, die sich für Paulus erstens aus dem Monotheismus ergibt (vgl. Röm 3,27ff.) und zweitens aus der Heilsuniversalität des Todes wie der Auferweckung Jesu Christi (2Kor 5,17). Dass beides Paulus blitzartig klargeworden sei, schreibt er nicht. Er hat ein Leben lang gebraucht, um zu verstehen, was die Berufung bedeutet. Er hat auch eine erste Orientierungsphase benötigt, um die richtigen Schlüsse zu ziehen und die ersten Schritte zu gehen. Aber im reflektierten Rückblick ist ihm klar geworden, was Gott mit ihm von vornherein im Sinn gehabt hat. Im Römerbrief zieht er Bilanz, wenn er von seinen Plänen spricht, via Rom nach Spanien zu gehen. Er zieht den weltweiten Kreis seiner Missionstätigkeit nach, ordnet ihn aber bewusst so an, dass er von Jerusalem ausgeht (Röm 15,18ff.):

> „[18]Ich werde nicht wagen, von etwas zu reden, was nicht Christus durch mich gewirkt hat, damit die Heiden zum Gehorsam gelangen, in Wort und Tat, [19]in der Kraft von Zeichen und Wundern, in der Kraft des Geistes, so dass ich von Jerusalem aus und im Umkreis bis nach Illyrien das Evangelium Christi verkündet habe, [20]wobei ich meine Ehre darein gesetzt habe, das Evangelium nicht dort zu verkünden, wo Christus schon einen Namen hat, um nicht auf

eines anderen Grund zu bauen."

Im Galaterbrief arbeitet Paulus das Motiv der Berufung heraus, indem er eine Sprache wählt, die an zwei alttestamentliche Prophetenberufungen erinnert. Die eine steht zu Beginn des Jeremiabuches (Jer 1,4f.)[48]:

> „⁴Das Wort des Herrn erging an mich: ⁵Noch ehe ich dich im Mutterleib formte, habe ich dich ausersehen, noch ehe du aus dem Mutterschoß hervorkamst, habe ich dich geheiligt, zum Propheten für die Völker habe ich dich bestimmt."

Die andere findet sich im zweiten Lied vom Gottesknecht (Jes 49,1)[49]:

> „Hört auf mich, ihr Inseln, merkt auf, ihr Völker in der Ferne! Der Herr hat mich schon im Mutterleib berufen; als ich noch im Schoß meiner Mutter war, hat er meinen Namen genannt."

Beide Male ist davon die Rede, dass Gott schon vom Mutterleib an ausersehen hat, die er zu Propheten berufen wollte; beide Male ist von einem weltweiten Horizont der Prophetie die Rede. Die Pränatalität der Erwählung und die Universalität der Sendung entsprechen einander: So wie Gott die prophetische Botschaft über die Grenzen Israels ausstrahlen lassen will, so setzt er vor dem Eintritt der beiden Propheten durch die Geburt in die Geschichte Israels an, um sie für ihre Aufgabe zu bestimmen.

Beide Motive sind für Paulus wichtig. Das erste Motiv schmälert nicht die Schuld, die er durch die Verfolgung der Kirche auf sich geladen hat, sondern bereitet vor, was sich später ereignen wird: der Gnadenakt Gottes in der Berufung des Apostels; das zweite Motiv entspricht der Einsicht, die Paulus zuteil geworden ist, der Apostel der Völker zu werden – auch wenn weder programmatische Mission noch gar der Verzicht auf die Beschneidung der Heiden im Horizont der alttestamentlichen Prophetenverse gestanden hat. Paulus aber hat sich in den Horizont der alttestamentlichen Prophetie gestellt und damit einen atemberaubenden Anspruch erhoben – im Interesse derer, denen er den Glauben bringt.

Paulus hat zwar in der Kirche zwischen Aposteln und Propheten unterschieden (1Kor 12,28), aber den Apostolat als neutestamentliche Form der Prophetie betrachtet. Das Prophetische sichert, dass durch den Mund des Apostels tatsächlich das „Wort Gottes" ertönt (1Thess 2,13), das „Wort Christi" (Röm 10,17).

In 2Kor 3,6-17 vergleicht er sich mit Mose, den er wie alle interessierten Juden seiner Zeit mit der Schrift (Dtn 18) als Prophet angesehen hat. Der Passus gilt einigen als antijüdisch[50] – und würde dann auch die Theologie der Berufung kontaminieren. Andere hingegen sehen Paulus die jüdischen Wurzeln seines Apostolates aufdecken[51] – und ordnen dann den Berufungs-Apostolat der jüdischen Prägung des Völkerapostels zu. Paulus bezieht sich auf Ex 34. Seine Apostolatstheologie entwickelt er in 2Kor 3,6-17 als Midrasch der Sinaitheophanie[52]. Im Vorspann führt er seine apostolische „Fähigkeit", seine Kompetenz und Legitimität, das Evangelium zu verkünden, auf seine Berufung durch Gott und sein Vertrauen auf Christus zurück. (Im längeren Nachspann 2Kor 3,18-4,6 stellt er die Verbindung zwischen seiner „Erleuchtung" vor Damaskus und der Hoffnung aller Christen her, die das „Bild Gottes", das Christus ist, widerspiegeln, wenn sie sich wie er bekehrt haben.) Die wesentliche Gemeinsamkeit zwischen Paulus und Moses besteht nach 2Kor 3 darin, dass beide einen „Dienst" verrichten, den Gott ihnen aufgetragen hat, und dass beider Dienst von „Herrlichkeit" geprägt ist. Der wesentliche Unterschied besteht darin, dass das Gesetz nach Gottes Willen nicht rettet, sondern verurteilt (und Hoffnung auf den Retter macht), während das Evangelium die rettende Macht Gottes selbst ist (vgl. Röm 1,16f.). Deshalb strahlt der Glanz des Neuen Bundes ungleich heller als der des Alten. Paulus ist deshalb nicht näher zu Gott als Mose – aber derjenige, der das von Mose verheißene Wort Gottes verkündet (Dtn 30,14 – Röm 10,8). Mose ist für Paulus der Prototyp dessen, der umkehrt und die Herrlichkeit des Herrn sieht – einst auf dem Sinai von Mose wie Paulus vor Damaskus und alle Glaubenden in der Kirche. Von Antijudaismus bleibt nichts, auch wenn Paulus seine Israeltheologie in 2Kor 3 nicht voll entfaltet.

In den ursprünglichen Paulinen ist die Berufung die basale theologische Kategorie, mit der das Damaskusgeschehen gedeutet wird: Die Berufung passt zum Apostolat, zur Sendung, zur Mission, zur Gründung der Kirche. Um der Berufung willen ist im Falle des Paulus die Bekehrung notwendig.

b) Die Berufung des Paulus im Spiegel der Paulusschule
In den Deuteropaulinen wird nicht nur von der Bekehrung und Vergebung, sondern auch von der Berufung des Paulus zum Apostel gesprochen. Allerdings sind die Gewichte verschoben und die Perspektiven verlagert.

Nach dem Epheserbrief, der als Hauptthema die Kirche als Ort des Friedens von Juden und Heiden hat, kommt Paulus auf seine Berufung zu sprechen, wenn er von der Einsicht in Gottes Geheimnis spricht, die der Gemeinde zuteil geworden ist (Eph 3,1ff.):

„¹Ich, Paulus, bin der Gefangene Christi für die Heiden; ²wenn anders ihr gehört habt von der Verwaltung der Gnade Gottes, die mir gegeben ist für euch, ³gemäß der Offenbarung, die mir als Geheimnis bekannt geworden ist, so wie ich es in Kürze aufgeschrieben habe."

Ähnlich wie im Galaterbrief (Gal 1,15f.) wird die Berufung als „Offenbarung" beschrieben; ähnlich wie dort stehen die Heiden im Blick; aber während der Galaterbrief auf das zielt, was Paulus in der Zukunft zu tun aufgetragen worden ist, nämlich den Völkern Jesus als Sohn Gottes zu verkünden, schaut der Epheserbrief auf das zurück, was Paulus bereits getan hat: von der Verkündigung des Evangeliums und der Gründung der Kirche bis zum Schreiben des Briefes. Von der „Verwaltung", der „Ökonomie", spricht Paulus auch in 1Kor 9,17. Gemeint ist die Zuverlässigkeit und Nachhaltigkeit seines Dienstes, der in Gottes Heilsplan steht (Eph 1,10).[53] Vom „Geheimnis" des Evangeliums schreibt Paulus in 1Kor 2,1-5, allerdings im Hinblick auf die Torheit des Kreuzes als höchste Weisheit Gottes. Der Aspekt, der im Epheserbrief dominiert, ist der, dass Paulus dieses Geheimnis, letztlich die Liebe Jesu Christi zur Kirche (Eph 5), nicht für sich behält, sondern den Ephesern mitteilt. Im Epheserbrief ist das „Mysterium" Jesus Christus selbst, insofern er der Friede ist zwischen Juden und Heiden (Eph 2,15). Die Mitteilung dieses Geheimnisses heißt, den Heiden zu sagen, dass sie durch den Glauben, ohne Beschneidung, volles Bürgerrecht im Gottesvolk haben, im Vollsinn Mitglieder des Gottesvolkes sind. Die Gnade der „Ökonomie", die Paulus im Haus Gottes verwaltet, heißt: austeilt, hat er selbst erfahren und gibt er weiter – ohne auf sein Leben zu achten. Von seiner Gefangenschaft schreibt Paulus nach dem Epheserbrief, weil er nicht nur den Anfang seines apostolischen Dienstes, sondern auch die Konsequenzen seiner Friedensmission anspricht, sein Leiden um des Evangeliums willen, dass das auch in den Hauptbriefen oftmals betont wird.

Die Apostolatstheologie des Epheserbriefes beruht auf derjenigen des Kolosserbriefes, die aber nicht auf die Berufung, sondern auf den Dienst und das Leiden des Apostels abgestellt ist (Kol 1,23ff.). Sie bildet eine Brücke zu den Pastoralbriefen, die stärker den Status des Apostels herausarbeiten.

Die entscheidende Formel der beiden Timotheusbriefe lautet: Paulus ist von Gott als Apostel „eingesetzt". Nachdem zuvor von seiner Bekehrung die Rede war (1Tim 1,15f.), heißt es in 1Tim 2,7, an eine der zahlreichen Glaubensformeln anschließend (1Tim 2,5f.), die Gottes universales Heilshandeln in Jesus Christus beschreiben:

„… wozu ich eingesetzt bin als Verkünder und Apostel, ich sage die Wahrheit und lüge nicht, als Lehrer der Heiden in Glaube und Wahrheit."

Ähnlich formuliert der Zweite Timotheusbrief, gleichfalls nach einer knappen Zusammenfassung des christologischen Heilsgeschehens (2Tim 1,11):

„… für das ich eingesetzt bin als Verkünder und Apostel und Lehrer."

Mit demselben Verb hat Paulus in 1Kor 12,28 geschrieben, Gott habe in der Kirche „erstens Apostel, zweitens Propheten, drittens Lehrer eingesetzt". Es geht hier wie dort um die Bestellung zu einem kirchlichen Amt oder Dienst. Der Unterschied besteht darin, dass Paulus im Ersten Korintherbrief betont, es gebe nicht nur ein Charisma, sondern viele Dienste, während die Pastoralbriefe – nicht nur der Not von Glaubenskämpfen gehorchend, sondern auch der begründeten Verehrung des Apostels folgend – nur den Apostel als Lehrer bezeichnen und daraus die Notwendigkeit ableiten, Timotheus solle wie jeder Bischof im Sinne des Apostels lehren. Paulus selbst nennt sich nicht „Lehrer", weil damit wahrscheinlich ein Dienst gemeint war, der vor Ort von bestimmten Personen geleistet wird; allerdings gehört zur apostolischen Aktivität des Paulus auch das Lehren (1Kor 4,17). Das wird von den Pastoralbriefen betont. Der Titel eines Lehrers hängt damit zusammen, dass das Evangelium als „Tradition" gesehen wird, die es unversehrt zu bewahren gilt – in strenger Orientierung an Paulus, die aber theologische Kreativität nicht aus-, sondern einschließt. Mithin wird die inhaltliche Richtigkeit der Theologie von überragender Bedeutung – und dass sie durch die persönliche Glaubwürdigkeit bewahrheitet wird, so wie sie auf die göttliche Einsetzung des Apostels als Lehrer zurückgeht. Das ist für die Frage der Kontinuität wesentlich: Es soll in der Kirche immer so gelehrt werden, dass die Treue zu Paulus außerhalb jeden Zweifels steht. Mit Paulus wird nach den Pastoralbriefen ein apostolisches Lehramt etabliert, das in der Nachfolge des Apostels das Lehren der Bischöfe in der Kirche normiert und legitimiert.

Im Präskript des Titusbriefes zeigt sich hingegen eine größere Nähe zur Apostolatstheologie der Hauptbriefe. Zwar ist nicht explizit von der Berufung die Rede, aber doch davon, dass dem Apostel das Evangelium anvertraut worden sei (Tit 1,1ff.):

„¹Paulus, Knecht Gottes, Apostel aber Jesu Christi gemäß dem Glauben der Erwählten Gottes und der Erkenntnis der Wahrheit, die der Frömmigkeit gemäß ist ²in der Hoffnung auf ewiges Leben, das Gott, der nie lügt, verkündet hat vor ewigen Zeiten, ³zu seiner Zeit aber als sein Wort offenbart hat in der Verkündigung, die mir anvertraut ist nach dem Befehl unseres Retters, Gottes."

Wie in den Timotheusbriefen kommt der Glaube in seiner inhaltlichen Prägung stark heraus. Ähnlich wie in Röm 1,1-4 wird die große Übereinstimmung zwischen der prophetischen Botschaft des Alten Testaments und der apostolischen Verkündigung des Evangeliums hervorgehoben. Dass ihm der apostolische Dienst „anvertraut" worden ist, sagt Paulus in 1Kor 9,17, wo er von der „Oikonomia", dem Dienst im Hause Gottes spricht, und in Gal 2,7, wo er berichtet, dass die Jerusalemer Säulen anerkannt hätten, ihm sei „das Evangelium für die Unbeschnittenen anvertraut" worden (vgl. 1Thess 2,4). In 1Tim 1,11, wo vom Evangelium, und 2Tim 1,12, wo vom Glaubensgut gehandelt wird, ist das Motiv aufgenommen. Es hat in den Pastoralbriefen zwei Seiten: Zum einen betont es die Glaubwürdigkeit und Zuverlässigkeit des Apostels in den Augen Gottes – in der Konsequenz seiner Bekehrung, die reine Gnade und volle Aktivität des Paulus war; zum anderen betont es die Autorität des Apostels, die mit seiner Integrität einhergeht, aber ihn nicht vereinzelt, sondern an den Anfang einer Reihe vertrauenswürdiger Menschen stellt, die in der Nachfolge des Paulus das Evangelium hören und weitergeben. Vom „Befehl" Gottes, der durch Jesus Christus ergeht, ist auch nach 1Tim 1,1 der Apostolat abhängig; die Sachparallele 1Tim 2,1 spricht vom „Willen" Gottes – wie 1Kor 1,1 (und Kol 1,1 sowie Eph 1,1). Dadurch steht nicht nur Gottes Freiheit und Macht vor Augen, sondern auch die entscheidende Rolle, die Paulus als Apostel und Lehrer mit der Verkündigung des Evangeliums im Heilsplan Gottes spielt.

Vergleicht man die Berufungstheologie der paulinischen Hauptbriefe mit den Schreiben der Paulusschule zeigt sich starke Kontinuität, aber auch ein deutlicher Wandel. Die Verschiebung erklärt sich aus einem neuen Blickwinkel. Paulus hat als berufener Apostel fundamentale Bedeutung für die Kirche; man vergewissert sich ihrer, indem man ihn als den von Gott eingesetzten Verkünder und Lehrer verehrt, in dessen Linie weiter Lehre und Verkündigung getrieben werden sollen.

c) Die Berufung des Apostels im Spiegel der Apostelgeschichte

Die auffälligsten Veränderungen in den Berichten der Apostelgeschichte über das Damaskusereignis liegen in der Bestimmung dessen, was der auferstandene Jesus mit Paulus vor hat. In den Varianten zeigt sich nicht erzählerische Nachlässigkeit, sondern literarische Kunst. Denn in seinen Reden, die er zu seiner Verteidigung hält, spult Paulus nicht ein Originalzitat ab, sondern gewinnt der ihm zugedachten Offenbarung einen Sinn ab, der sich ihm im Rückblick erschließt. Im Bericht von seiner Bekehrung vor Damaskus heißt es nur aus dem Munde des Kyrios vielsagend (Apg 9,6):

„Steh' auf und geh' in die Stadt, und es wird dir gesagt werden, was du tun musst."

Nur so viel will Lukas seine Leser zu diesem Zeitpunkt wissen lassen. Ihm ist daran gelegen, zu zeigen, dass und wie Saulus in die Kirche eingeführt worden ist. In ihr wird er seinen Ort und seine Aufgabe finden – nach dem Willen des Herrn.

Was Jesus Christus mit seinem Verfolger noch vor hat, sagt er durch eine Offenbarung Hananias in Damaskus – nicht damit der es für sich behalte, sondern damit er es Paulus und anderen mitteile (Apg 9,15f.):

„[15]Er ist mir ein Gefäß der Erwählung, meinen Namen zu tragen vor Völker und Könige und die Söhne Israels. [16]Denn ich werde ihm zeigen, wie viel er für meinen Namen leiden muss."

Die Erwählung und Berufung steht also von vornherein im Ziel der Erscheinung. Der universale Horizont der Mission wird vorgezeichnet. Während Gal 1,15f. sich auf die Sendung zu den Völkern konzentriert, treten hier auch die Söhne Israels vor Augen – so wie Paulus ja nach der Apostelgeschichte regelmäßig in einer Synagoge mit der Predigt vor Ort beginnt und auch als Angeklagter vor dem Hohen Rat und vor König Agrippa Zeugnis für Jesus ablegt. Nur so erklärt sich, dass Paulus nach Apg 9,20 sofort mit der Verkündigung des Evangeliums beginnt, und zwar gerade der Gottessohnschaft Jesu, wie dies Gal 1,15f, entspricht. Das Leiden um des Evangeliums willen steht ihm von Anfang an bevor – nicht als Ausgleich für das Leid, das er über Stephanus und andere Christen gebracht hat, sondern als Ausdruck seiner Gemeinschaft mit dem leidenden Jesus Christus, den er selbst hat leiden lassen, indem er die Christen verfolgt hat.

In seiner Verteidigungsrede auf dem Tempelvorplatz hält Paulus sich recht genau an das, was Lukas vom Geschehen berichtet (Apg 22,5-10), akzentuiert aber die Begegnung mit Hananias anders, indem er nicht berichtet, was der vom Auferstandenen gehört, sondern was er Paulus gesagt habe (Apg 22,14f.):

> „¹⁴Der Gott unserer Väter hat dich dazu bestimmt, seinen Willen zu kennen und den Gerechten zu sehen und zu hören die Stimme aus seinem Mund; ¹⁵denn du wirst ihm Zeuge sein vor allen Menschen von dem, was du gehört und gesehen hast."

Die leichten Änderungen erklären sich aus der veränderten Sprecherrolle. Jesus, den Paulus gesehen hat, wie er auch nach Apg 9 weiß, wird ihm von Hananias als „der Gerechte" und damit als der unschuldig verfolgte Sohn Gottes (vgl. Sap 2) vor Augen geführt. Vers 15 referiert nicht den Inhalt, sondern das Ziel des Offenbarungswortes, das Paulus auf dem Weg gehört hat. Dieser Jesus, der von den Toten auferstanden und erschienen ist, ist der entscheidende Inhalt des Zeugnisses, das Paulus „vor allen Menschen" ablegen wird.

In der Verteidigungsrede, die Paulus vor Herodes Agrippa II. in Anwesenheit seiner Schwester Berenike und des römischen Statthalters Festus hält, gesteht er nicht nur freimütig den großen Fehler seines Lebens ein, die Verfolgung der Jünger Jesu, sondern zeichnet in groben Strichen seine gesamte Biographie, um das Damaskusgeschehen als die große Wende herauszuarbeiten. In seiner Verteidigung differenziert Paulus nicht zwischen dem, was er mit eigenen Ohren aus dem Mund des Auferstandenen und was er durch den Mund des Hananias gehört hat, der im direkten Auftrag des Auferstandenen spricht und auf den auch nach Apg 9 und Apg 22 der Auferstandene hingewiesen hat. Deshalb heißt es jetzt im Referat über seine Vision (Apg 26,15-18):

> „¹⁵Denn dazu bin ich dir erschienen, dich auszuwählen als Diener und Zeuge dessen, was du gesehen hast und was ich dich sehen lassen werde. ¹⁷Ich werde dich herausnehmen aus dem Volk und aus den Völkern, zu denen ich dich sende, ¹⁸ihre Augen zu öffnen, dass sie sich bekehren von der Finsternis zum Licht und von der Macht des Satans zu Gott, damit sie empfangen die Vergebung der Sünden und das Erbe der Geheiligten durch den Glauben an mich."

Den Aposteltitel reserviert Lukas programmatisch für die Zwölf, weil die von Jesus selbst ausgewählt worden sind. Zu diesen Aposteln kann Paulus nicht gehören. Deshalb wird er nach Lukas auch nicht zum Apostel berufen, sondern zum Zeugen Jesu Christi. Das tut der Bedeutung des Paulus aber keinen Abbruch. Sein Zeugnis ist nicht weniger wert als das des Petrus, denn auch er ist vom Auferstandenen berufen. Nicht unähnlich dem Galaterbrief, der allerdings schon an die Zeit vor der Geburt denkt, wird Paulus „herausgenommen aus dem Volk und den Völkern", dass er zu allen Menschen gehe; nicht unähnlich dem Zweiten Korintherbrief ist vom Licht des Glaubens die Rede – nur dass hier nicht die Genesis den Hintergrund bildet, sondern das Erste Lied vom Gottesknecht (Jes 42,6), das Paulus nicht christologisch, sondern apostolatstheologisch deutet: Licht für die Völker.

6. Ein Mensch mit starkem Ego
Paulus ist einer der ersten Menschen, die mit Emphase „Ich" gesagt haben. Er entdeckt sein „Ich" in der Begegnung mit einem „Du", dem Du Gottes in der Person Jesu Christi (Gal 2,19f.), und in der Entdeckung eines neuen „Wir", dem Wir der Kirche, in der die Gemeinschaft mit Petrus überragende Bedeutung hat (Gal 2,15f. nach Gal 2,1-10 und 2,11-14). Die Schlüsselmotive seiner Biographie sind deshalb Agape und Koinonia: die Liebe, die er selbst erfahren hat und durch sein Leben wie durch seine Verkündigung bezeugt (1Kor 13), und die Gemeinschaft, die er zu zerstören versucht hat, aber als Apostel durch die Kraft des Geistes aus der Eucharistie (1Kor 10,16f.) wachsen lassen will. Die Intensität dieser Ich-Erfahrung hängt mit der Dramatik seines Lebens zusammen, der Kehre vor Damaskus, und seiner Fähigkeit, das, was er gesehen hat, im Licht seines Glaubens an den lebendigen Gott zu deuten. Dadurch wird Jesus Christus die bestimmende Gestalt seines Lebens, der auferweckte Gekreuzigte.

Paulus ist ein Mann mit Vergangenheit. Er blickt der Schuld seines Lebens ins Auge: der Verfolgung der Kirche. Er bekennt diese Schuld – in der Gewissheit, Vergebung erlangt zu haben. Er beschreibt seine Bekehrung: nicht vom Judentum zum Christentum, sondern von der Verwerfung zur Verehrung Jesu und von der religiösen Gewalt zur Friedensmission. Er beschreibt seine Berufung zum Apostel der Völker – nach dem Muster alttestamentlicher Propheten und nicht als Verrat an Israels Verheißung, sondern in deren Konsequenz, da Jesus Christus das „Ja" zu allen Verheißungen ist (1Kor 1,20).

Weil Paulus sich mit seiner Vergangenheit im Glauben selbstkritisch auseinandersetzt, ist er ein Mann mit Zukunft: Er hat seine Lektion vor Damaskus gelernt. Es ist die Lektion, die das Leben „in Christus" zu einer Schule des Glaubens macht. Er ist deshalb gewiss, dass seine Zukunft nicht mit dem Tode endet, sondern durch Jesus Christus jenseits des Todes neu beginnen wird (Phil 3,21):

„Für mich ist Christus das Leben und das Sterben Gewinn."

Anmerkungen

[1] Vgl. *Thomas Söding*, „Ich lebe, aber nicht ich" (Gal 2,20). Die theologische Physiognomie des Paulus, in: Communio 38 (2009) 119-134.

[2] Markant: *Krister Stendahl*, Paulus among Jews and gentiles, Philadelphia 1976.

[3] Vgl. *Adolf von Harnack*, Die Mission und Ausbreitung des Christentums in den ersten drei Jahrhunderten, Leipzig ^{4}1924 (1902).

[4] Vgl. *Karl Wilhelm Niebuhr*, Paulus im Judentum seiner Zeit: Communio 38 (2009) 108-118; *Markus Tiwald*, Hebräer von Hebräern. Paulus auf dem Hintergrund frühjüdischer Argumentation und biblischer Interpretation (HBS 52), Freiburg - Basel - Wien 2008.

[5] Vgl. *Gustave Bardy*, Menschen werden Christen. Das Drama der Bekehrung in den ersten Jahrhunderten (frz. 1949), hg. v. Josef Blank, Freiburg - Basel - Wien 1988.

[6] Vgl. *Theofried Baumeister*, Die Anfänge der Theologie des Martyriums (MBT 45), Münster 1980.

[7] Vgl. *Alan F. Segal*, Paul the Convert. The Apostolate and Apostasy of Saul the Pharisee, New Haven – London 1990.

[8] Das wird oft erst mit der Paulusschule verbunden; aber Paulus selbst hat sich als Vorbild seiner Gemeinden empfohlen; vgl. *Knut Backhaus*, „Mitteilhaber des Evangeliums" (1Kor 9,23). Zur christologischen Grundlegung einer „Paulus-Schule" bei Paulus, in: Klaus Scholtissek (Hg.), Christologie in der Paulus-Schule. Zur Rezeptionsgeschichte des paulinischen Evangeliums (SBS 181), Stuttgart 2000, 46-71.

[9] Vgl. *Christian Dietzfelbinger*, Die Berufung des Paulus als Ursprung seiner Theologie (WMANT 58), Neukirchen-Vluyn 1985.

[10] Vgl. *Michael Reichardt*, Psychologische Erklärung der paulinischen Damaskusvision? Ein Beitrag zum interdisziplinären Gespräch zwischen Exegese und Psychologie seit dem 18. Jahrhundert (SBB 42), Stuttgart 1999.

[11] Das geschieht bei *Gerd Lüdemann*, Die Auferstehung Jesu. Historie – Erfahrungen – Theologie, Stuttgart 1994.

[12] Vgl. *Th. Söding*, Zur Freiheit befreit. Paulus und die Kritik der Autonomie, in: Communio 37 (2008) 92-112.

[13] Vgl. *Richard Schaeffler*, Fähigkeit zur Erfahrung. Zur transzendentalen Hermeneutik des Sprechens von Gott (QD 94), Freiburg - Basel - Wien 1982.

[14] Vgl. *Gerhard Schulze*, Die Erlebnisgesellschaft, Frankfurt/M. 1993.

[15] Einen Überblick verschafft *Hans-Josef Klauck*, Apokryphe Apostelakten. Eine Einführung, Stuttgart 2005, 61-93.

[16] Eine Kritik dieser Kritik formuliert *Klaus Haacker*, Paulus, der Apostel. Wie er wurde, was er war, Stuttgart 2008, 65-83.

[17] Vgl. *Jens Schroeter*, Paulus in der Apostelgeschichte, in: Communio 38 (2009) 135-148.

[18] Vgl. *Knut Backhaus - Gerd Häfner*, Historiographie und fiktionales Erzählen. Zur Konstruktivität in Geschichtstheorie und Exegese (BThSt 86), Neukirchen-Vluyn 2007.

[19] Fragezeichen setzen *Jürgen Becker*, Paulus, der Apostel der Völker, Tübingen 1989, 63; *Udo Schnelle*, Paulus. Leben und Denken, Berlin 2003, 72f.

[20] Vgl. *Martin Hengel – Anna-Maria Schwemer*, Paulus zwischen Damaskus und Antiochia (WUNT 108), Tübingen 1998, 60-63.

[21] Daran machen unter anderen *Jürgen Becker* (a.a.O.) und *Udo Schnelle* (a.a.O.) ihre Kritik fest,

[22] Vgl. *Wolfgang Kraus*, Zwischen Jerusalem und Antiochia. Die „Hellenisten", Paulus und das eschatologische Gottesvolk (SBS 179), Stuttgart 1999 (SBS 179), Stuttgart 1999.

[23] Skeptisch ist *U. Schnelle*, Paulus 85ff.

[24] In den „Einleitungsfragen" gibt es weitgehende Übereinstimmung, dass die Briefe an die Römer, Korinther, Philipper sowie der Erste Thessalonicherbrief und der Philemonbrief von Paulus eigenhändig verfasst worden sind, während bei dem Kolosserbrief und Zweiten Thessalonicherbrief sowie bei den Schreiben an die Epheser, an Timotheus und Titus eine steigende Sicherheit des Urteils herrscht, dass sie auf Schülerhände zurückgehen; vgl. *Udo Schnelle*, Einleitung in das Neue Testament (UTB), Göttingen ⁶2007, 46-51; *Petr Pokorný – Ulrich Heckel*, Einleitung in das Neue Testament. Seine Literatur und Theologie im Überblick (UTB), Tübingen 2007, 178-194; *Martin Ebner – Stefan Schreiber u.a.*, Einleitung in das Neue Testament (KStTh 6), Stuttgart 2008, 60-264.

[25] Vgl. *Mark A. Seifried*, Justification by Faith. The Origin and Development of a Central Pauline Theme (NT.S 1992), Leiden 1992.

[26] Vgl. *Hermann Lichtenberger*, Das Ich Adams und das Ich der Menschheit. Studien zum Menschenbild in Röm 7 (WUNT 154), Tübingen 2004.

[27] Zur Auslegung, zur Diskussion und zum Ergebnis vgl. *Robert Vorholt*, Der Dienst der Versöhnung. Studien zur Apostolatstheologie des Paulus (WMANT 118), Neukirchen-Vluyn 2008, 209-224.

[28] In 2Kor 7,9f. bezeichnet Metanoia die Reue eines sündigen Christen.

[29] Zur Auslegung vgl. *Wilfried Eckey*, Die Briefe des Paulus an die Philipper und an Philemon. Neukirchen-Vluyn 2006, 120-226.

[30] So von *Ed P. Sanders*, Paul, the Law and the Jewish People, Minneapolis 1983, 173f.

[31] Vgl. *Karl-Wilhelm Niebuhr*, Heidenapostel aus Israel (WUNT 62), Tübingen 1992, 109ff.

[32] Herausgearbeitet von *Ulrich Wilckens*, Theologie des Neuen Testaments I/3, Neukirchen-Vluyn 2005, 131-242.

[33] Zur pharisäischen Bewegung und ihrer Wirkungsgeschichte im Judentum vgl. grundlegend *Jacob Neusner*, Das pharisäische und talmudische Judentum. Neue Wege zu seinem Verständnis, Tübingen 1984.

[34] Freilich ist die Idee einer paulinischen Gesetzeskritik so stark, dass starke Strömungen protestantischer und auch katholischer Exegese beim *Nomos* nicht an die Tora, sondern an das Sittengesetz denken – als ob Kant den Römerbrief geschrieben hätte; zur Klarstellung vgl. *Ulrich Wilckens,* Der Brief an die Römer I (EKK VU/1), Neukirchen-Vluyn 1978, 249f.

[35] Nach der „Gemeinsamen Erklärung zur Rechtfertigungslehre" 1999 ist die Debatte neu entflammt; die Exegese setzt sich vom Leistungsparadigma der Neuzeit ab und favorisiert das Paradigma der Partizipation als Leitkategorie der Deutung. Das erfordert eine Neubestimmung der reformatorischen, aber auch der tridentinischen Paulusinterpretation; vgl. meinen Artikel: Rettung durch Rechtfertigung. Die exegetische Diskussion der paulinischen Soteriologie im Kontext der Ökumene, in: U. Swarat – J. Oeldemann – D. Heller (Hg.), Von Gott angenommen – in Christus verwandelt. Die Rechtfertigungslehre im multilateralen ökumenischen Dialog (Beiheft zur Ökumenischen Rundschau 78), Frankfurt/Main 2006, 299-330.

[36] Weiterführend: *Andreas Lindemann,* Paulus – Pharisäer und Apostel, in: Dieter Sänger (Hg.), Paulus und Johannes, Exegetische Studien zur paulinischen und johanneischen Theologie (WUNT 198), Tübingen 2006, 311-351.

[37] Zur Einzelexegese vgl. *Alfio Marcello Buscemi OFM,* Lettera ai Galati. Commentario esegetico (Studium Biblicum Franciscanum. Analecta 63), Jerusalem 2004, 88-125.

[38] Zur paulinischen Erkenntnislehre vgl. meinen Beitrag: Phänomenologie als Herausforderung der Theologie. Eine Antwort vom Neuen Testament aus, in: Klaus Held – Thomas Söding (Hg.), Phänomenologie und Theologie (QD 227), Freiburg - Basel - Wien 2009, 28-51.

[39] Vgl. *Annette Merz,* Die fiktive Selbstauslegung des Paulus. Intertextuelle Studien zur Intention und Rezeption der Pastoralbriefe (NTOA 52), Göttingen 2004.

[40] Vgl. *Lorenz Oberlinner,* Die Pastoralbriefe. Erster Timotheusbrief (HThKNT.S XI.2/1), Freiburg - Basel - Wien 1994; 42-45.

[41] Vgl. *Michael Wolter,* Paulus, der bekehrte Gottesfeind. Zum Verständnis von 1Tim 1,13, in: Novum Testamentum 31 (1989) 48-66.

[42] Es ist allerdings in der Exegese umstritten, ob in der 1. Person Plural Paulus, der literarische Autor, sich einbezieht oder nicht und was daraus exegetisch folgt. Meist wird die Frage in den Kommentaren gar nicht berührt. Dadurch wird der Theologie der Bekehrung der Stachel der Religionskritik gezogen.

[43] Zum Verhältnis beider vgl. meinen Aufsatz: Petrus und Paulus. Die Biographie zweier Apostel, in: Friedrich-Wilhelm Graf – Klaus Wiegandt (Hg.), 400 Jahre Christentum (Fischer TB), Frankfurt/Main 2009, 122-167.

[44] Vgl. *Rudolf Pesch,* Die biblischen Grundlagen des Primates (QD 187), Freiburg - Basel - Wien ²2002.

[45] Paulus erwähnt mit der Glaubenstradition der Urgemeinde 1Kor 15,3-5 nicht die Erscheinung vor Maria Magdalena nach Joh 20 und vor den galiläischen Frauen nach Mt 28,9f. Beide Überlieferungen, deren Historizität strittig, aber im Kern begründbar ist, zielen auf eine Verkündigung an die Adresse der Jünger Jesu, nicht

auf die Berufung zum Apostolat. Freilich ist bei Paulus, der in Röm 16,7mit Junia eine Frau als Apostel kennt, nicht ausgeschlossen, dass unter den „fünfhundert Brüdern" und „allen Aposteln" auch Frauen gewesen sind.

[46] Hier knüpft *Erik Peterson* an, der Paulus als Außenseiter unter den Aposteln portraitiert: Der erste Brief an die Korinther und Paulusstudien. Aus dem Nachlass hg. v. Hans-Ulrich Weidemann (Ausgewählte Schriften 7), Würzburg 2006.

[47] Vgl. *Karl Kertelge,* Grundthemen paulinischer Theologie, Freiburg - Basel - Wien 1991, 46-61. Paulus reserviert den Begriff der „Offenbarung" nicht für seine Berufung zum Apostel, sondern kann auch andere Eingebungen, die er selbst hat oder die andere haben, „Offenbarung" nennen; doch wird dadurch nicht seine Berufung relativiert; anders akzentuiert *Ingo Broer,* Fundamentalistische Exegese oder kritische Bibelwissenschaft? Anmerkungen zum Fundamentalismusproblem anhand des paulinischen Offenbarungsverständnisses, in Jürgen Werbick (Hg.), Offenbarungsanspruch und fundamentalistische Versuchung (QD 129), Freiburg - Basel - Wien 1991, 59-88.

[48] Vgl. *Georg Fischer,* Jeremia 1-26 (HThK.AT), Freiburg - Basel - Wien 2005, 129-144.

[49] Vgl. *Hermann Spieckermann,* Gottes Liebe zu Israel (FAT 33), Tübingen 2001, 132f.

[50] So *Gerhard Dautzenberg,* Alter und neuer Bund nach 2Kor 3, in: R. Kampling (Hg.), „... nun steht aber diese Sache im Evangelium". Zur Frage nach den Anfängen des christlichen Antijudaismus, Paderborn 1999, 229-249.

[51] So *Peter von der Osten-Sacken,* Evangelium und Tora. Aufsätze zu Paulus (ThB 77), München 1987.

[52] Zu Ex 34 vgl. *Christoph Dohmen,* Exodus II (HThKAT), Freiburg - Basel - Wien 2004, 352-378; zur paulinischen *relecture* vgl. *Robert Vorholt,* Der Dienst der Versöhnung 291-321.

[53] *Hans Hübner* spricht von „Amtsgnade": Der Brief an die Epheser (HNT 12), Tübingen 1997,186.

Paulus als Missionar

Robert Vorholt

Die fast zweitausendjährige Geschichte der Kirche ist untrennbar mit der Person und der Persönlichkeit des Apostels Paulus verbunden. Nicht nur, weil er – mit anderen – das Fundament gelegt hat, an dem alles weitere kirchliche Tun bis in unsere Gegenwart hinein um seiner Echtheit willen Maß zu nehmen hat (vgl. 1Kor 3,5-17), sondern auch, weil die Dynamik seiner Evangeliumsverkündigung in ihrer Erfolgsbilanz noch immer konkurrenzlos dasteht und in ihren konkreten Vollzügen gerade heute vorbildlich und inspirierend ist.

Dass wir das heute so sagen können, ist alles andere als selbstverständlich. Im Gegenteil: Der Blick in die Biografie des Apostels[1] lässt das Unvorhersehbare und Spektakuläre seiner Lebenswende geradezu ins Auge stechen. Wir wissen, wie maßlos und unerbittlich Paulus – nach eigener Darstellung – die Kirche Gottes verfolgt hatte (vgl. Gal 1,13f.). Doch so weit die Irrwege gewesen sein mögen, die der von Eifer geblendete Verfolger einschlug, so groß ist am Ende das Wunder seiner Bekehrung. Und darauf legt er Wert: dass es nicht er selber war, nicht sein schlechtes Gewissen, auch nicht der Einfluss anderer Menschen, die sein Leben zur Gänze umzukrempeln vermochten, sondern allein Gott, der ihn vor den Toren von Damaskus in Dienst nahm (vgl. Gal 1, 1,16ff.; 1Thess 2,13), und zwar als den berufenen und bevollmächtigten „Apostel der Heiden", als der Paulus sich ebenso treffend wie programmatisch tituliert (Röm 11,13).

Freilich wollte er, nicht zuletzt aufgrund seiner eigenen Wurzeln, immer auch seine jüdischen Zeitgenossen als Angehörige des Volkes Israel ansprechen, doch im Grunde genommen weiß sich der Apostel vor allem zu den Heiden gesandt, zu solchen Menschen also, die in den paganen Kontexten der antiken, römisch-griechischen Welt lebten – und das gerade nicht als solche, die den einen und wahren Gott Israels verehrten, sondern sich in größtmöglicher Vielfalt im weltanschaulichen Kontext des hellenistischen Götterglaubens bewegten. In diesen Kontext hinein spricht der Apostel „sein Evangelium" als Wort vom Kreuz. Und es wird deutlich, wie sehr er dabei in universalen, umfassenden Maßstäben denkt: Paulus will das Evangelium nicht einfach nur in die warmen und freundlichen Stuben einiger weniger Auserwählter tragen, sondern vielmehr hinaus in die weite, mitunter fremde, mitunter sogar feindselige Welt – an das Ohr möglichst vieler Menschen eben. Ein Vorhaben, das damals wie heute spektakulär erscheint; das auch Widerspruch hervorruft; das darum allererst begründet sein will – und von Paulus auch begründet wird.

1. Die Universalität des Heilswillens Gottes

Wie kein anderer hat der Apostel begriffen, dass Gott durch die Auferweckung des Gekreuzigten das Geheimnis Seiner unermesslichen Liebe zu allen Menschen ein für allemal grundgelegt hat. Weil es aber kein anderer als Gott selbst war, der in Christus durch den Tod hindurch das Leben für alle Menschen neu erschlossen hat, und Er somit als Er selbst in unermesslicher Kraft und Liebe in diesem Ereignis offenbar wurde, bedeutet dies auch, dass die einst dem Abraham zuteil gewordene Verheißung, allen Völkern Segen zuteil werden zu lassen (Gen 12,3; 17,5; 18,18), nun in Jesus Christus endgültig und unüberbietbar in Erfüllung gegangen ist.

Solches Denken hat weitreichende Konsequenzen. Vor diesem Horizont der Hoffnung will sich der Apostel die Sammlung der Kirche nun nämlich nicht mehr so vorstellen, dass der den Menschen in Christus erschlossene Weg zum Leben zuerst in die rituelle Gemeinschaft des Volkes Israel führen müsste, und erst dann, gewissermaßen im Anschluss, auf die Bahnen seiner christlichen Ausprägung – eine theologische Konzeption, die man nicht zuletzt seitens der Jerusalemer Urgemeinde im Blick auf die Konstituierung der Kirche – mit Konsequenz und durchaus gut begründet - favorisierte. Indes: Es wäre klar, dass sich daran logischerweise Auflagen knüpfen würden. Nicht nur die Verpflichtung zur genauen Beachtung des jüdischen Gesetzes, seiner Vorschriften und Regeln, sondern auch der als solcher unbestreitbare heilsgeschichtliche Vorrang des Judentums und der (diesem zwar nicht notwendigerweise entsprechende, aber von seinen Vordenkern her doch postulierte und von Paulus darum als ein theologisches Problem empfundene) Nachrang der Heiden. *So will sich der Apostel die Sammlung der Kirche gerade nicht vorstellen.* Denn ihm ist klar, dass es angesichts der sich letztgültig in Kreuz und Auferweckung erwiesenen radikalen Proexistenz Jesu keine Unterschiede im Grad der Erwählung geben kann. Vielmehr ist er der Auffassung, dass die Kirche eine durch Tod und Auferweckung Jesu eschatologisch zur Gänze neu geschaffene Wirklichkeit ist, die als solche Juden und Heiden in gleicher Weise umfasst. Dass die bleibende Erwählung Israels dadurch keinesfalls zur Disposition steht, sondern vielmehr in theologischer Folgerichtigkeit neu hervorzuheben und zu betonen ist, stellt Paulus nicht zuletzt in seinem Brief an die Christen in Rom deutlich hervor.

Festzuhalten bleibt: Das Evangelium, das er verkündet, versteht der Apostel in universaler, in umfassender Ausrichtung. Es wendet sich nicht exklusiv an geistliche Eliten, sondern positiv an alle Menschen guten Willens. Das aber hat Konsequenzen. Nicht zuletzt für die konkrete Ausgestaltung der paulinischen Verkündigung, für die Art und die Weise seiner Mission.

2. Das Missionsprojekt des Apostels

Am Ende des Römerbriefes legt Paulus Rechenschaft ab über sein apostolisches Wirken (Röm 15,18f.). Er schreibt:

> Ich wage nur von dem zu reden, was Christus, um die Völker zum Gehorsam zu führen, durch mich in Wort und Tat bewirkt hat: In der Kraft von Zeichen und Wundern, in der Kraft des Geistes Gottes. So habe ich von Jerusalem aus in weitem Umkreis bis nach Illyrien [römische Provinz, meint das Gebiet des ehemaligen Jugoslawien] überallhin das Evangelium Jesu Christi gebracht.

Jetzt aber ziehe es ihn, fährt er dann fort (Röm 15,24) hinauf nach Spanien, da er – erstaunlich genug – im Osten des Römischen Weltreiches seine Arbeit im Großen und Ganzen als erledigt betrachtet und in seinem bisherigen Missionsraum nun nicht mehr allzu viel zu tun habe. Schließlich sei ihm ja daran gelegen, das Evangelium nur dort zu verkünden, wo der Name Christi noch nicht bekannt ist (Röm 15,20). Mit dieser einigermaßen verblüffenden Absichtserklärung verlieren wir den Apostel allerdings aus den Augen. Wir haben keine Hinweise mehr, ob und unter welchen Umständen er tatsächlich nach Spanien kam. Wir wissen eben nur, dass den Apostel wohl schon recht bald das Schicksal des Märtyrertodes in Rom ereilte und damit eines der größten und wohl auch erfolgreichsten Missionsprojekte der Kirchengeschichte ein jähes Ende fand. Um jedoch das Wirken des Apostels in seiner bleibenden Normativität für die Kirche ermessen zu können, reicht es nicht, allein auf das Ende zu schauen. Auch die Anfänge müssen im Blick bleiben.

a) Die Richtung

Die Wege der paulinischen Mission lassen sich heute eigentlich nur noch mit Hilfe der Apostelgeschichte rekonstruieren. Dort wird – vielleicht ein wenig schematisch – von drei Missionsreisen erzählt. Die erste Reise führt Paulus – wohl noch vor dem sogenannten Apostelkonzil – zusammen mit Barnabas von Antiochien aus auf die Ägäischen Inseln und in die Provinz Kilikien (Apg 13-14), die zweite Reise dann – jetzt nach dem Apostelkonzil – genauso wie die dritte nach Kleinasien, Makedonien und Griechenland (Apg 16, 1-18.22; 18,23 - 21,17). Aber es gibt Unterschiede: Nicht so sehr von der gewählten Richtung her, aber vom Stil, von der Absicht, von der Intention des Apostels her. Schauen wir genauer hin:

> Seine erste Missionsreise unternimmt Paulus im offiziellen Auftrag der Gemeinde von Antiochien. In Antiochien, der damals drittgrößten Stadt des römischen Reiches, hatte sich schon früh eine erste christliche Gemeinde aus vormaligen Juden und auch vormaligen Heiden gebildet; dort nannte man die Christen übrigens nach Auskunft der Apostelgeschichte überhaupt erst „Christen" (Apg 11,26). Die Stadt wurde jedenfalls nach den Ereignissen von Damaskus – wenn man so will – zur Heimatgemeinde des Apostels Paulus. Er übte dort sogar schon eine – wenngleich noch untergeordnete – Rolle im Leitungsteam der Gemeinde aus (Apg 13,1). Auch wenn Lukas im Zuge seines Missionsberichtes immer mehr und schließlich nur noch Paulus in den Mittelpunkt seines Interesses rückt, bleibt doch davon auszugehen, dass zunächst Barnabas der „Chef" des Paulus war, sein Mentor, sein „Pastor" – und Paulus eben sein Adlatus, sein „Kaplan". So einfach sahen sie aus: Die Anfänge der Missionspraxis des Apostels.

Die Angaben, die Paulus im Rahmen seiner Briefe selber macht, geben für diese Frühzeit wenig her. Allein im Galaterbrief (Gal 1,21) spricht Paulus summarisch von seiner Missionstätigkeit in Syrien und Kilikien und bestätigt damit indirekt die Angaben der Apostelgeschichte. Trotzdem: Weitere Informationen gibt es nicht. Man kann nur vermuten – das allerdings mit gutem Grund –, dass der Erste Thessalonicherbrief – wenn auch aus einiger zeitlicher Entfernung – ein guter Spiegel ist für das, was Paulus in seiner apostolischen Frühzeit gelehrt und verkündet hat. Folgt man Lukas, bleibt Antiochien jedenfalls für Paulus auch nach dem Apostelkonzil ein Stützpunkt. Aber er tritt nicht länger als ein Abgesandter Antiochiens auf; er trennt sich vielmehr von Barnabas und beherrscht die Szenerie der lukanischen Darstellung nunmehr nahezu allein. Warum das so war, bleibt noch zu klären. Es hat, soviel sei schon einmal verraten, mit den gravierenden Klärungsprozessen und Richtungsentscheidungen zu tun, die auf der Tagesordnung der Kirche des Anfangs standen.

> Die zweite Reise des Apostels wird von Lukas in das Licht eines groß angelegten und äußerst erfolgreichen Missionsprojektes getaucht. Immer geht es Paulus darum, in Übereinstimmung mit Jerusalem das Evangelium zu den Völkern zu tragen. Kleinasien, Makedonien und Griechenland sind Neuland. Die Gemeinden, die Paulus dort gründet, sind im eigentlichen Sinne „seine Gemeinden".

Der Blick in die authentischen Paulusbriefe ergänzt und verändert das Bild. Alle Briefe – mit Ausnahme des Römerbriefes – wenden sich an solche

Gemeinden, die Paulus selbst im Zuge seiner zweiten, selbst verantworteten Missionsreise für Christus gewonnen und gegründet hat. Was einfach klingt, ist das Ergebnis härtester Arbeit und logistischer Kraftanstrengung. Paulus ist rast- und ruhelos unterwegs, immer im Dienst und rund um die Uhr eingespannt in die Dynamik von Gründung und Aufbau seiner Gemeinden. In dieser Phase entsteht auch der Erste Thessalonicherbrief, der mithin älteste Brief aus der Feder des Apostels: Ein Zeugnis der Erstverkündigung bzw. eine Ergänzung derselben, wobei es für Paulus darum geht, auf Problemkonstellationen und Fragestellungen innerhalb einer jungen Gemeinde schnell und pragmatisch zu reagieren[2].

Die Zeit des Apostels war eine Zeit wichtiger Klärungsprozesse für die junge Kirche. Die Apostelgeschichte berichtet in diesem Zusammenhang beinahe belanglos von einer kleineren Meinungsverschiedenheit, die sich zwischen Paulus und Barnabas zugetragen hat. Wer allerdings zum Vergleich in den Galaterbrief schaut, kann ermessen, welchen Stellenwert dieser Konflikt tatsächlich hatte. In Antiochien wurde nämlich kein Geringerer als jener schwere Richtungsstreit innerhalb der jungen Kirche ausgetragen, der eingangs Erwähnung fand und dort im Ansatz bereits skizziert wurde: Der Konflikt dreht sich um die Streitfrage nach dem Zusammenleben von Christen, die zuvor Juden waren, und solchen, die zuvor Heiden waren. Paulus vertritt, ich habe es gesagt, eine Position, die auf die absolute Gleichberechtigung beider Gruppen zielt. Sogenannte Heidenchristen wurden von ihm als solche respektiert und wertgeschätzt und sollten nicht erst jüdische Sitten und Gebräuche adaptieren, um Mitglieder der Kirche sein zu können – weil das Evangelium selber keinerlei Unterschiede zulässt zwischen „Heiden und Juden". Diese Position bescherte dem Apostel nicht nur Freunde. Im Gegenteil. Petrus etwa hatte sich zunächst zwar auch auf die liberalere Linie des Paulus eingeschworen, sie dann aber – vielleicht aufgrund steigenden Drucks von außen – wieder verlassen. Paulus steht jedenfalls alleine da. Denn dem Beispiel des Petrus folgend, zogen sich die Judenchristen aus der Gemeinschaft mit den Nichtjuden zurück, und – so fügt Paulus im Galaterbrief hinzu – „selbst Barnabas wurde von ihnen mitgerissen" (Gal 2,13). Natürlich war damit das Tischtuch nicht gleich zerschnitten. Es fällt aber dennoch auf, dass sich das Zentrum der paulinischen Mission fortan nach Westen, nach Kleinasien und Griechenland verlagert. Vermutlich ist Paulus inzwischen klar geworden, dass er seine Missionstheologie und seine Missionspraxis in ganz eigener Regie viel effektiver und – wenn man so will – auch reibungsloser gestalten kann. Und so geht der Apostel von nun an – ohne Resignation und allzu viel Groll, frei von Hochmut und Spaltungswillen – eigene Wege.

> Die dritte Missionsreise trägt – wiederum im Licht der Apostelgeschichte – den Charakter einer apostolischen Visitation. Paulus schaut hier und dort nach dem Rechten und ordnet wohl auch schon seine Nachfolge, indem er die Seinen langsam aber sicher auf den großen Abschied einstimmt. Paulus hat nicht nur ausgesät, er hat auch Sorge getragen, dass die Saat aufgeht und dass sie von anderen eingeholt wird. So schließt sich für Lukas der Kreis: Paulus begibt sich auf den Weg des Martyriums nach Rom.

Ins Licht der echten Paulusbriefe gerückt erscheint die Darstellung der Apostelgeschichte wiederum zu stimmig und zu geschlossen. Von den Richtungskämpfen und Auseinandersetzungen des Apostels gibt sie nichts wieder. Aber die prägen die letzten Jahre des Apostels zutiefst. Es gab heftigen Streit! Einerseits innerhalb der Gemeinden - von Parteiungen und Abspaltungen erfahren wir. Es gab aber auch Streit zwischen den Gemeinden und ihrem Apostel, Konflikte gravierendster Art[3]. So gravierend jedenfalls, dass man bei nüchterner Betrachtung sagen muss, dass hier das gesamte Missionswerk des Apostels auf dem Spiel stand. Denn soviel ist klar: In Galatien, in Korinth und Philippi machten ihm Gegner schwer zu schaffen. Sie fahren beachtliche Erfolge ein, indem es ihnen gelingt, die Christen der paulinischen Gemeinden zu erreichen, sie zu verunsichern und das Verhältnis zu Paulus, dem Gründer ihrer Gemeinden, nachhaltig zu belasten. Die Feinde des Apostels berufen sich dabei auf Jerusalem und halten die Fahne des jüdischen Gesetzes hoch; einige plädieren sogar für die Notwendigkeit der Beschneidung und wollen sie auch für Heidenchristen einführen, denn sonst sei deren Hoffnung vergebens, weil sie de facto nicht zum Gottesvolk Israel gehören würden. – Es reichen Stichworte, und uns ist klar: Ein massives Gegenprogramm zur paulinischen Verkündigung! Aber weiß Gott nicht ohne innere Plausibilität, vermutlich auch nicht ohne Charme vorgetragen, aufs Ganze gesehen jedenfalls – aus paulinischer Sicht – gefährlich erfolgreich. Der Apostel hat also alle Hände voll zu tun, um die gegen ihn und seine Verkündigung gerichteten Attacken abzuwehren. Wohin er selbst nicht kommen kann, schickt er Briefe, um Konfliktsituationen und Unstimmigkeiten zu lösen – im großen Optimismus, bei allen Schwierigkeiten letztlich doch noch zu überzeugen und den Sieg davon tragen zu können – und das ganz augenscheinlich und wider Erwarten völlig zu Recht.

b) Die Weltoffenheit des Apostels
Paulus kommt auf seinen Wegen durch die Welt der Heiden nicht in eine religiöse Einöde, sondern in eine blühende Landschaft voller Gottheiten und Religionen, Kulten und Riten, Tempeln und Tempeldienern. Neue Religionen

sind gerade im Entstehen, alte Weltanschauungen erleben eine Renaissance. Das religiöse Bild der antiken Gesellschaft, das sich dem Apostel darbietet, ist also alles andere als traurig, es ist gekennzeichnet durch Vitalität und Stärke, durch Pluralismus und Synkretismus.

Dennoch kann Paulus sich im Blick auf die pagane Welt nicht zu einem positiven Urteil durchringen. Er zieht stattdessen scharfe Grenzen. Der entscheidende Vorwurf, den er dem heidnischen Denken und seinen Vollzügen macht, ist der des Götzendienstes (vgl. nur Röm 1,23): Die Verwechslung selbstgemachter Götterbilder und selbstdachter Gottheiten mit dem „lebendigen und wahren Gott" (1Thess 1,9). Diese Verwechslung aber hat schlimme Folgen. Sie führt zu verdrehten Wertvorstellungen und zu verqueren Lebensverhältnissen, zur Verzerrung sittlicher Maßstäbe und zur Missachtung des Willens Gottes. Also formuliert der Apostel ein ebenso knappes wie eingängiges Monitum, indem er rät: „Passt Euch nicht dieser Welt an!" (Röm 3,22). Der Weltzugewandtheit apostolischer Evangeliumsverkündigung entspricht nicht einfach die ungeprüfte Adaption des Wertehorizontes dieser Welt. Darum muss auch die Annahme dieser Botschaft dazu führen, aus dem Hören auf Gottes Wort heraus ein inneres kritisches Korrektiv zu entwickeln, das zur Unterscheidung der Geister und zum Gehen eigener Wege befähigt. Dass die Botschaft Jesu nicht einfachhin kompatibel ist mit der Logik und den Plausibilitäten einer heidnisch geprägten Welt, sondern dass sie Selbststand erfordert und Mut zur eigenen, wo nötig unterscheidenden Meinung, ist eine Lektion, die der Apostel Paulus den Christen aller Zeiten geradezu en passant mit auf den Weg gibt.

Paulus malt die Welt der Heiden jedoch nicht nur in düsteren Farben. Grenzen sind nicht gleich Mauern. Frömmelndem Sektierertum erteilt er darum klare Absagen, weltfremdes Geflüster mag er nicht. Stattdessen warnt er die Christen in Korinth vor dem totalen Rückzug aus der Welt (1Kor 5,10) und rät den Thessalonichern, nicht einfach Augen und Ohren zu verschließen vor der Wertewelt ihrer heidnischen Umwelt, sondern sie nüchtern und mit wachem Sinn zu prüfen und zu beurteilen (1Thess 5,6.21). Das Zweite Vatikanische Konzil hat diesen Gedanken übrigens aufgegriffen, entfaltet und unter dem Stichwort „Dialog" in das fortwährende Gedächtnis der Kirche eingetragen. Die Botschaft des Evangeliums gilt der Welt. Für ihre Verkündiger setzt dies damals wie heute voraus, dass sie – wo nötig – bereit sind, in einem umfassenden Sinn weite Wege in Kauf zu nehmen, um das Wort vom Kreuz und von der Versöhnung zu den Menschen zu tragen. Im Hintergrund steht das Wissen darum, dass Gott, in dessen Dienst der Apostel gestellt ist und dessen Evangelium er verkündet, ein Gott ist, der die Menschen liebt und dessen fester Wille es ist, die Welt in Jesus Christus mit sich zu versöhnen (vgl. 2Kor 5,20f.).

3. *Die paulinische Strategie*[4]

Als Apostel Jesu Christi ist Paulus für die Kirche von unschätzbarem Wert: Er hat den normativen Grund gelegt, an dem sich alle weiteren Vollzüge kirchlichen Lebens in ihrer Wertigkeit und Echtheit messen lassen müssen (vgl. 1Kor 3,10ff.). Sein apostolischer Dienst zielt auf die Gründung von Gemeinden. Tragendes Fundament dieser Gemeinden ist das Evangelium (1Kor 15,1), dem sich der Apostel bis in die Grundfasern seiner Existenz hinein verpflichtet weiß, weil sich darin kein anderer als der Kyrios Jesus Christus selbst zur Sprache bringt[5]. Doch so sehr dem Apostel daran gelegen ist, immer neu Menschen durch seine wortmächtige Missionspredigt für Christus zu gewinnen (1Kor 9,19f.; 2Kor 5,11; 1Thess 1,5), so wenig ist davon auszugehen, Paulus habe sich um seine Gemeinden, einmal gegründet, nicht weiter gekümmert und ihre Betreuung anderen überlassen. Im Gegenteil: Seine Briefe zeugen von einem engen Netz wechselseitiger Beziehungen zwischen Apostel und Gemeinden, von gegenseitiger Unterstützung und innerer Verbundenheit. Paulus war auch Seelsorger, wenn das bedeutet, den persönlichen Kontakt zu den Menschen zu suchen, sie in der Freude zu bestärken und in der Traurigkeit zu trösten (vgl. Röm 12,15).

a) Die Präsenz in den Gemeinden

Der Apostel ist ein Getriebener. Der innere Drang, der auf ihm ruht (vgl. 1Kor 9,16), lässt ihn bald nach Ankunft in einer Gemeinde wieder zu neuen Ufern aufbrechen, um dem aus seiner Berufung resultierendem Anspruch gerecht werden zu können, möglichst vielen Menschen das Evangelium zu verkünden. Doch obgleich dieser Rastlosigkeit ist der Apostel in intensiver geistiger Weise präsent, wo immer er das Evangelium verkündet. Wichtiger als die Dauer seiner Besuche erscheint ihm, dass er sich, wo er ist, rückhaltlos und vorbehaltlos in den Dienst der Evangeliumsverkündigung und so in den Dienst der Menschen stellt, zu denen er gesandt ist.

Nach Auskunft der Apostelgeschichte startete Paulus sein Missionswerk zunächst in der jeweiligen Synagoge eines Ortes. Erst nachdem sich dort Protest gegen ihn formiert, zieht er weiter. Lukas mag wiederholt stilisieren, ohne historischen Wert sind seine Notizen kaum. In der Regel wählt Paulus zur Verkündigung des Evangeliums eben nicht die Straßen und Plätze – auch wenn Apg 17, 16-34 das Gegenteil suggeriert –, sondern Orte, die ein Klima der Vertrautheit und auch der Verbindlichkeit entstehen lassen können. Das waren in der Regel private Häuser[6] wohlhabenderer Christinnen und Christen (vielleicht auch Vereinsheime o.ä.). Die Strategie war erfolgreich: Sie schuf den jungen Gemeinden Raum, ihr Christsein zu leben und zu entfalten.

b) Mitarbeiterinnen und Mitarbeiter
Paulus sieht seine apostolische Aufgabe in der missionarischen Gründung von Gemeinden wie auch in ihrer Leitung, die ihm zur Konsolidierung des Erreichten dient. Sein besonderes Interesse war es dabei, die Gemeinden so aus- und zuzurüsten, dass sie nach möglichst kurzer Zeit auf eigenen Beinen stehen und sich selbst weiter entwickeln konnten. Diesem Ziel diente die offenkundige Gabe des Apostels, in großem Stil verantwortliche Mitarbeiterinnen und Mitarbeiter in den Gemeinden zu gewinnen, sie nicht nur zu motivieren und für ihre Aufgabe vorzubereiten, sondern auch tatsächlich mit ihren Möglichkeiten und Fähigkeiten zum Zuge kommen zu lassen – sei es in der Mission oder im Rahmen der Leitung und Betreuung von Gemeinden, sei es in der Weitergabe des Glaubens oder in der Zuwendung zu den Armen und Elenden[7]. Die Grußlisten, die Paulus den meisten seiner Briefe anfügt, wimmeln von Namen. Es sind übrigens nicht nur Männer, sondern auch Frauen, die den Apostel nach Kräften und Möglichkeiten im Werk der Verkündigung des Evangeliums unterstützen. Die Wertschätzung solcher Frauen und Männer, die sich entsprechend ihrer Charismen in die Dynamik jenes Aufbaus, von dem 1Kor 3 spricht, einbinden lassen, ist nicht zuletzt durch das Zweite Vatikanische Konzil wieder neu betont und vorangetrieben worden. Das Beispiel des Apostels ermutigt die Kirche, hier nicht nachzulassen.

c) Mission durch Begeisterung
Der Apostel wusste natürlich um die starke Aktivität und Attraktivität seiner Gemeinden. Wenn Paulus den Christen in Korinth schreibt, sie seien „ein Brief Christi", den alle lesen können (2Kor 3,2f.), dann spricht der Apostel eben diese Aktivität und Attraktivität der Gemeinde an und setzt zugleich auf ihre missionarische Anziehungskraft. Mission durch Begeisterung lautet das Stichwort.
- Ein wichtiger Gesichtspunkt war und ist in diesem Zusammenhang die Ethik, die in den Gemeinden vertreten und praktiziert wurde. Nicht ohne Grund fordert der Apostel die Glaubenden auf, so zu leben, dass sie auf Außenstehende anziehend wirken, weil sie das positive Bild einer lebendigen Gemeinschaft und – nicht weniger wichtig – einer überzeugenden Lebensführung vermitteln (vgl.1Thess 4,11). In Klammern: Der kritische Blick vieler Jugendlicher legt den Finger bis in die Gegenwart hinein – oft genug zu Recht – immer

wieder in diese offene Wunde. Die Freude des Glaubens muss, wo sie echt ist, Spuren im Leben der Christen hinterlassen.
- Ein nicht weniger wichtiger Faktor ist die Liturgie. Auch ihre Qualität bemisst sich nach 1Kor 14,22-25 daran, ob sie „Unkundigen und Ungläubigen" etwas zu sagen hat. Der Gottesdienst muss nach Ansicht des Apostels so gefeiert werden, dass Außenstehende erkennen können: „Gott ist mitten unter Euch (1Kor 14,25)". Der Satz beinhaltet zwei Akzente. Zum einen muss christliche Liturgie, wenn sie anziehend sein soll, weniger den Liturgen und um so mehr - dankend und lobend - Gott selbst als den Grund und Inhalt jeder liturgischen Versammlung in den Blick nehmen. Zum anderen muss sie sich so gestalten, dass deutlich werden kann, wie sehr der Gott, an den wir Christen glauben, einer ist, dessen Freude es ist, unter den Menschen zu wohnen: kein ferner, unerbittlich strenger Richter, aber auch kein belangloser Kuschelgott.

Wer vom Apostel lernen möchte, was die Grundfertigkeiten erfolgreicher Mission sind, wird nicht umhin kommen, das persönliche Zeugnis des Glaubens und die Qualität seiner Ausdrucksformen zu betonen und zugleich in der Gemeinde einzufordern.

d) Apostolische Existenz

Der Apostel Paulus ist ein messerscharfer Denker. Er ist zugleich Beter und Liturge. Er ist aber nicht minder Praktiker und Organisator. Zahlreiche Gemeinden werden – unter oft abenteuerlichsten Bedingungen - von ihm gegründet, betreut und geleitet. Der vor Damaskus vernommene Ruf treibt ihn voran. Der Apostel wählt den Weg zu den Menschen. Anders kann es nicht sein: Auch das ist Nachfolge Jesu (vgl. Mt 9,35). Auf diesem Weg bleibt es ihm wichtig, Mitarbeiterinnen und Mitarbeiter zu gewinnen, Charismen und Talente vor Ort nicht nur zu entdecken, sondern auch zu fördern. Eines seiner großen Anliegen ist die Kommunikation – unter den Christen der von ihm gegründeten Gemeinden, mehr noch: in der gesamten Kirche. Es fällt in diesem Zusammenhang auf, wie sehr er sich um die Anbindung neugegründeter Gemeinden an die Jerusalemer Urgemeinde müht, wo Petrus ist und das Kollegium der Apostel. Die unbestrittene Freiheit paulinischer Predigt, der Mut zur eigenen Meinung und sein nicht eben unterentwickeltes Selbstbewusstsein führen ihn also nicht zum selbstverliebten Freiheitsdrang eines notorischen Nörglers. Paulus sucht die Einheit, nicht die Spaltung. Er sucht die innere Verbundenheit - gerade mit Petrus, gerade mit den Aposteln. Und er weiß auch, warum: weil es im Letzten um das geht, was den Apostel zum Apostel und die Kirche zur Kirche macht. Wer all diese Facetten der Persönlichkeit des Paulus wahrnimmt, gewinnt einen Eindruck von der dynamischen Strahlkraft dieses

Mannes. In seinem Dienst und in seinem Engagement, in seiner Verlässlichkeit und in seiner Konsequenz bleibt er ein Fixstern am Horizont der Zeugen Gottes. In manchem sicher unerreichbar, aber in vielem vorbildlich.

Anmerkungen

1. Vgl. dazu U. Schnelle, Paulus. Leben und Denken, Berlin 2003; J. Becker, Paulus – Der Apostel der Völker, Tübingen 1989; E. Lohse, Paulus. Eine Biographie, München 1996
2. Vgl. A.J. Malherbe, Paul and the Thessalonians, Philadelphia 1987; N. Walter, E. Reinmuth, P. Lampe, Die Briefe an die Philipper, Thessalonicher und an Philemon (NTD 8/2), Göttingen 1998
3. Vgl. W. Baird, „one against the other". Intra-Church Conflict in 1 Corinthians, in: R. Fortna, B.R. Gaventa (Hg.), Studies in Paul and John, Nashville 1990, 116-136; L. Oberlinner, „Kein anderes Evangelium!" Die Auseinandersetzung des Paulus mit seinen „Gegnern" am Beispiel des Galaterbriefes, in: C. Mayer, K. Müller, G. Schmalenberg (Hrsg.), Nach den Anfängen fragen, Gießen 1994, 461-499
4. Vgl. dazu Th. Söding, „Apostel der Heiden" (Röm 11,13). Zur paulinischen Missionspraxis, in: Ders., Das Wort vom Kreuz. Studien zur paulinischen Theologie (WUNT 93), Tübingen 1997 (185-195); K. Kertelge (Hg.), Mission im Neuen Testament (QD 93), Freiburg 1982
5. Vgl. dazu R. Vorholt, Der Dienst der Versöhnung. Studien zur Apostolatstheologie bei Paulus (WMANT 118), Neukirchen-Vluyn 2008
6. Vgl. dazu H.-J. Klauck, Hausgemeinde und Hauskirche im frühen Christentum (SBS 103), Stuttgart 1983
7. Vgl. W.-H. Ollrog, Paulus und seine Mitarbeiter (WMANT 50), Neukirchen-Vluyn 1979; A. Vögtle, Die Dynamik des Anfangs, Freiburg 1988

Universalität der Sendung

„Exkulturation" und „Mikrokommunikation"
Blicke in den Missionsalltag des Paulus

Alfons Fürst

1. Einführung

Zu den erstaunlichen Ereignissen der spätantiken Religionsgeschichte gehört die erfolgreiche Ausbreitung des Christentums im gesamten Mittelmeerraum und darüber hinaus (besonders nach Osten). Noch erstaunlicher wird dieses Phänomen dadurch, dass die Alte Kirche bekanntlich weder ein Programm für die Mission entworfen noch Institutionen oder ein Amt dafür geschaffen hat. Sie kannte nicht einmal ein Wort für Mission und auch keine Bezeichnung für den Missionar. Die antiken christlichen Gemeinden haben die Mission nicht als eigene Aufgabe begriffen, der sie sich mit besonderen Kräften gewidmet hätten.[1]

Wie aber sind Menschen in den ersten Jahrhunderten in insgesamt ja doch beträchtlicher Zahl in Kontakt mit dem Christentum gekommen? Für die vorkonstantinische Zeit des zweiten und dritten Jahrhunderts hat die Forschung seit längerer Zeit herausgefunden, dass der christliche Glaube sich offensichtlich über die normalen Kontakte des alltäglichen Lebens ausgebreitet hat.[2] Mit einem soziologischen Begriff spricht man dafür von Primärkommunikation oder auch von „Mikrokommunikation".[3] Damit ist Folgendes gemeint: Menschen, die sich einer christlichen Gemeinde anschlossen, lebten weiter in ihrer bisherigen Umgebung, gingen weiter ihren Berufen nach, pflegten weiter ihre sozialen Kontakte, taten also das, was zum alltäglichen Leben gehört. In mancher Hinsicht fielen sie allerdings durch einen neuen Lebensstil und neue Verhaltensweisen auf. Zum Beispiel gingen sie, wenn sie ihr Christsein ernst nahmen, nicht mehr zu den Zirkus- oder Gladiatorenspielen – wobei man allerdings sagen muss, dass dies offensichtlich eher ein Anspruch als eine verbreitete Realität gewesen ist.[4] Gleichwohl sind solche Verhaltensweisen vorgekommen und sind Christen aufgefallen, wenn sie etwa an den Festen zu Ehren des Kaisers ihre Türen nicht mit den zu diesem Anlass üblichen Lorbeergirlanden, Kränzen und brennenden Laternen schmückten.[5] Sei es auf Nachfrage von Bekannten und Freunden, sei es von sich aus, sprachen diese Christen über die Gründe für ihr Verhalten und damit über ihren neuen Glauben. Auf diese Weise ist der christliche Glaube in alltäglichen Kommunikationssituationen bekannt geworden. Am Arbeitsplatz, auf dem Marktplatz, beim Einkaufen, beim Wasserholen am Brunnen, bei gesellschaftlichen Ereignissen in der besser gestellten Schicht – bei allen solchen Anlässen konnte es zu Gesprächen über das Christentum kommen und konnten Interessenten an dieser Religion gewonnen werden.

Auf diese Weise waren es die einfachen Menschen, die das Evangelium unter die Leute brachten. Das Christentum verbreitete sich über persönliche Beziehungen in den familiären und sozialen Netzwerken der Antike. Frauen, die in den christlichen Gemeinden überproportional vertreten waren, hatten daran offensichtlich einen erheblichen Anteil. Ein scharfer Beobachter und Kritiker des Christentums, der Philosoph Kelsos im zweiten Jahrhundert, hat den Christen polemisch vorgeworfen, es seien „Wollarbeiter, Schuster und Walker", bei denen das Evangelium am meisten Anklang finde (überliefert bei Origenes, Gegen Kelsos 3,55). Obwohl das polemisch gemeint war, hat er damit doch eine offenbar richtige Beobachtung gemacht, eben zur Verbreitung des Christentums in alltäglichen Kontakten.

Professionelle Missionare, die sich die Verbreitung des Evangeliums zur Lebensaufgabe gemacht haben, hat es vereinzelt in der Frühzeit und dann bis in das dritte Jahrhundert hinein gegeben. Das geht aus einem in diesem Zusammenhang berühmten Text des Origenes hervor, der etwa im Jahr 248 Folgendes geschrieben hat: „Die Christen sind, so viel an ihnen liegt, eifrig bemüht, ihre Lehre über die ganze Erde zu verbreiten. Daher machen es sich einige förmlich zu ihrer Lebensaufgabe, nicht nur von Stadt zu Stadt, sondern auch von Dorf zu Dorf und von Gehöft zu Gehöft zu wandern, um auch andere für den Glauben an Gott zu gewinnen" (Gegen Kelsos 3,9). Diese Wandermissionare waren in Habitus und Auftreten wohl ziemlich auffällige Gestalten, die in manchen Zügen an die herumziehenden Kyniker der römischen Kaiserzeit erinnern. Als Prototyp und Repräsentant solcher Wanderprediger der Frühzeit gilt der Apostel Paulus. Generell ist die gängige Vorstellung von der Ausbreitung des Christentums im ersten Jahrhundert von diesem Bild wandernder Missionare, der Apostel, geprägt, die von Stadt zu Stadt ziehen, das Evangelium verkünden und auf diese Weise überall im östlichen Mittelmeerraum Gemeinden gründen. Diese übliche Vorstellung möchte ich durch einige Hinweise modifizieren.

2. Paulus als „atypische Figur"

Der bekannteste Missionar der ersten christlichen Generation, der Apostel Paulus, ist in vielerlei Hinsicht ein Sonderfall.[6] Er bewegte sich zwar in den Hauptstädten der römischen Provinzen in der griechischen Welt des östlichen Mittelmeerraumes und damit in dem sozialen Raum, in dem sich das frühe Christentum bis in das vierte Jahrhundert hinein etablierte und ausbreitete (das frühe Christentum war eine Stadtreligion). Die gezielte Planung, mit der er von Stadt zu Stadt zog und Gemeinden gründete, ist allerdings von keinem anderen Missionar der Frühzeit bezeugt. Nachdem er im Streit (der berühmte antiochenische Zwischenfall) aus Antiochia, seiner ersten Missionsbasis, fortgegangen war, bewegte er sich auf den Hauptstraßen der Römer gezielt nach Westen, und zwar auf der Via Egnatia von Kleinasien aus über das nördliche Griechenland in Richtung Rom. Aus dem Römerbrief geht hervor, dass er über Rom bis in den Westen des Römischen Reiches nach Spanien zu reisen gedachte (Röm 15,23f.); nach den Nachrichten, die wir über seinen Tod in Rom haben, kam es dazu nicht. Wichtig daran ist die Idee von Weltmission, die sich in einer solchen Strategie kundtut.

Das Atypische an Paulus ist also eine in großem Stil angelegte Missionsaktion, die von Ost nach West das ganze Römerreich umspannt und sich gezielt auf die römische Infrastruktur stützt, also die Hauptstädte der Provinzen und die sie verbindenden ausgezeichneten Straßen der Römer. Zu diesem Atypischen gehört ferner die apokalyptische Eile, mit der Paulus diesen Plan umsetzte. Er blieb immer nur so lange in einer Stadt, bis er der Meinung war, dass die dort entstandene Gemeinde auf eigenen Füßen stehen könne (was nicht immer gut funktioniert hat, wie die Korintherbriefe zeigen), und er weiterziehen und in der nächsten Stadt eine neue Gemeinde gründen konnte. Diese apokalyptische Eile hängt damit zusammen, dass Paulus wie alle Christen der ersten Generation vom baldigen Ende der Welt überzeugt war. Er erwartete die Wiederkehr Christi noch zu Lebzeiten. Vor dem Eintreten dieses Ereignisses wollte er das Evangelium in der ganzen Welt verkündet haben. Mit diesem speziellen Profil seiner Missionstätigkeit ist Paulus ein Sonderfall, den man nicht einfach auf andere bekannte Missionare des ersten Jahrhunderts übertragen darf.

Allerdings muss man historisch-hermeneutisch dazu auch kritisch bedenken, dass wir aufgrund der Briefe des Paulus eben nur zu Paulus über so viele Informationen verfügen, dass wir das Profil seiner Mission beschreiben können. Es wäre ja zum Beispiel sehr interessant, wenn wir auch von Männern wie Petrus oder Barnabas eigene Texte hätten, aus denen sich ihr theologisches Denken und ihr missionarisches Profil erheben ließe. Von da aus könnte dann auch neues Licht auf die Einordnung des Paulus fallen. Der Sonderfall Paulus im Blick auf sein missionarisches Profil hängt also auch ein gutes Stück damit zusammen, dass Paulus innerhalb der frühchristlichen Quellen einen Sonderfall darstellt, insofern er der Einzige ist, von dem wir als namentlich bekanntem Autor Texte haben.

3. Das konkrete Vorgehen des Paulus bei seiner Missionsarbeit

Paulus ist im Kontext der Ausbreitung des antiken Christentums also insofern ein Sonderfall, als er eine größer angelegte missionarische Strategie hat und diese gezielt in die Tat umzusetzen versucht. Damit unterscheidet er sich von der üblichen Art und Weise, wie Mission in vorkonstantinischer Zeit vor sich ging. Gleichwohl ist zu fragen, ob seine konkrete Missionsarbeit tatsächlich als organisierte öffentliche Aktion zu begreifen ist oder ob nicht auch sie in die alltäglichen Wege der Ausbreitung des christlichen Glaubens über die eingangs genannte „Mikrokommunikation" einzuordnen ist.

3.1 Paulus als Prediger auf dem Marktplatz?

Fragt man näherhin nach den Modalitäten der Mission des Paulus,[7] begegnet in der Literatur neben dem Bild vom Prediger in den Synagogen oft das Bild von Paulus als Prediger auf dem Marktplatz: „Christliche Missionare wie Philippus, Barnabas oder Paulus predigten an der Straßenecke oder auf dem Marktplatz."[8] Diese Vorstellung dominiert nicht selten Beschreibungen der urchristlichen Missionstätigkeit. Gehörte es wirklich zur Missionspraxis des Paulus, auf den Marktplatz zu gehen oder sich an eine Straßenecke zu stellen und dort das Evangelium zu verkünden – wie auch immer man sich das näher vorstellen soll?

Dieses Bild vom Marktplatzprediger Paulus ist ziemlich sicher von zwei Faktoren bedingt:[9] Zum einen von der Areopagrede des Paulus in Athen, wie sie in der Apostelgeschichte dargestellt wird (Apg 17,16–34). Darin hält Paulus nicht nur eine öffentliche Rede in der Mitte des Areopags, sondern heißt es auch, er habe täglich auf dem Marktplatz mit den jeweils Anwesenden gesprochen. Bei dieser Darstellung des Lukas, des Autors der Apostelgeschichte, handelt es sich allerdings um eine emblematische Szene, in der die Konfrontation des christlichen Evangeliums mit der weltlichen Weisheit, der griechischen Philosophie, in eine plastische Szene gegossen wird. Eine solche literarisch im übrigen genial gestaltete Szene läßt sich nicht historisierend auf einen konkreten historischen Vorgang hin auswerten und gibt für die Frage nach der konkreten Missionspraxis des Paulus nichts her.

Zum anderen erinnern die Paulusbriefe in manchen Zügen an die kynisch-stoische Diatribe, also die rednerische Aufbereitung philosophischer Inhalte für ein breiteres Publikum. Wir kennen solche Redner aus der römischen Kaiserzeit, beispielsweise Dion von Prusa, genannt Chrysostomus („Goldmund"), Aelius Aristides oder Maximus von Tyrus – Männer, die als philosophische Entertainer in den Städten der griechischen und römischen Welt auftraten und das Publikum mit gelehrten oder unterhaltsamen Vorträgen zu verschiedenen

Themen unterhielten und damit zum Teil großen Erfolg hatten und Ruhm ernteten. Weil die Paulusbriefe in mancher Hinsicht an den Stil solcher Reden erinnern, stellt man sich Paulus im Rückschluss als Redner bzw. Prediger vor einem öffentlichen Auditorium in einer griechischen Stadt vor. Auch diese Vorstellung ist allerdings zu verabschieden. Zum einen hat sich gezeigt, dass die kynisch-stoische Diatribe doch eher für Lehrvorträge von Philosophen in Schulen gedacht war (die freilich ihrerseits öffentlich sein konnten), weniger für Volksreden auf den Plätzen antiker Städte, wie sie die genannten Redner gehalten haben. Zum anderen folgt aus dem Stil der Paulusbriefe nichts über eine etwaige Tätigkeit des Paulus als Prediger auf Marktplätzen.

Natürlich ist nicht auszuschließen, dass Paulus in den Städten, in denen er auf seinen Missionsreisen lebte, auch auf Marktplätzen oder anderen öffentlichen Orten mit verschiedenen Leuten ins Gespräch gekommen ist, aber als zentraler Ort seiner Missionsarbeit kann diese Tätigkeit nicht betrachtet werden. Das verbreitete Bild des Paulus als das eines öffentlichen Redners oder Predigers an der Straßenecke ist falsch. Der entscheidende Ort seiner missionarischen Arbeit war nicht die Öffentlichkeit des Marktplatzes, auf dem Gericht und politische Reden gehalten wurden, sondern waren Orte des privaten Lebens. Um das näher zu profilieren, betrachten wir zwei Texte aus der Apostelgeschichte.

3.2 Beispiel I: Philippi

„Wir fuhren von Troas ab, gelangten in direkter Fahrt nach Samothrake, am nächsten Tag nach Neapolis und von dort nach Philippi. Das ist eine führende Stadt im Bezirk von Makedonien, eine Kolonie. In dieser Stadt hielten wir uns einige Tage auf. Am Sabbat gingen wir hinaus vor das Tor an den Fluss, wo wir eine Gebetsstätte vermuteten. Wir setzten uns und redeten mit den versammelten Frauen. Eine Frau namens Lydia, eine Purpurhändlerin aus der Stadt Thyatira, eine Gottesfürchtige, hörte zu. Ihr schloss der Herr das Herz auf, so dass sie sich an das von Paulus Gesagte hielt. Als aber sie und ihr Haus getauft wurden, bat sie: ‚Wenn ihr das Urteil gewonnen habt, dass ich dem Herrn gläubig bin, kommt in mein Haus und wohnt darin!' Und sie nötigte uns dazu" (Apg 16,11–15).[10]

Dieser Bericht in der Apostelgeschichte über die Gründung der ersten Gemeinde durch Paulus auf europäischem Boden ist die beste Quelle für die Modalitäten der paulinischen Mission.[11] Es ist kein Manko, dass ich dazu auf die Apostelgeschichte zurückgreife und nicht auf die echten Paulusbriefe, obwohl es sogar einen Brief des Paulus an die Gemeinde in Philippi gibt. In den

Paulusbriefen werden die Modalitäten seiner Missionspraxis nämlich nicht in solcher Prägnanz angesprochen. Auch wenn in der gegenwärtigen Exegese, wenn es um Paulus geht, die echten Paulusbriefe gegenüber den Berichten der Apostelgeschichte zu Recht den Vorzug erhalten, bedeutet das im Umkehrschluss doch nicht, dass die Apostelgeschichte nun gar nicht mehr verlässlich für das Wirken des Paulus ausgewertet werden könnte. Auch wenn in der Darstellung der Apostelgeschichte das Vorgehen des Paulus in vielfacher Hinsicht stilisiert wird (ein Beispiel dazu gleich), kann man doch davon ausgehen, dass gerade in der zum Teil stereotypen Stilisierung ein gängiges Verfahren der Mission des ersten Jahrhunderts steckt, denn in seinen Typisierungen rekurrierte der Verfasser der Apostelgeschichte gewiss auf solche Muster und eben nicht auf Spezifika des Paulus. Aus diesem Grund kann man einen Text wie den zitierten für die Missionspraxis des ersten Jahrhunderts auswerten und mit einem gewissen Recht auch als Beispiel für das konkrete Vorgehen des Paulus.

Zu den Stilisierungen der Apostelgeschichte gehört es, Paulus als erstes immer in eine Synagoge zu schicken. Das ist auch in diesem Text der Fall. Bei der Gebetsstätte (griechisch proseuché) dürfte eine Synagoge gemeint sein. Obwohl dieser Zug zu den Typisierungen der Apostelgeschichte gehört, scheint er doch nicht abwegig zu sein und lässt er sich in die hier beschriebene Szenerie einigermaßen plausibel einordnen. Aus diesem Text ergibt sich folgendes Bild der konkreten Missionspraxis des Paulus:

Paulus kommt mit seinen Begleitern in eine wichtige Stadt der Provinz Makedonien, die an der Via Egnatia liegt, die Richtung Westen nach Rom führt. Er hält sich dort einige Tage auf. Der Text beschreibt nicht näher, wo er das genau tut und in welcher Form dieser Aufenthalt erfolgt. Man kann sich aber gut vorstellen, dass sich Paulus als Jude, der er ja nach wie vor ist, aber eben als Jude, der in Jesus den Messias sieht, im Rahmen des sozialen jüdischen Netzwerkes bewegt, das wir gerade in den griechischen Städten rund um die Ägäis in hoher Dichte antreffen. Ebenfalls gut vorstellen kann man sich, dass er am Sabbat zur Synagoge geht. Das ist ein Treffpunkt für Juden nicht nur zum Gottesdienst, sondern auch ein sozialer Treffpunkt und eine Möglichkeit für Gespräche. Die topographischen Angaben des Textes lassen sich mit einem archäologischen Befund kombinieren. Bei Ausgrabungen wurde ein monumentales Bogentor an der Grenze des Territoriums der Kolonie gefunden. Der Fluss, von dem im Text die Rede ist, ist etwa zwei Kilometer entfernt, und an diesem Fluss befand sich eine proseuché, eine Synagoge außerhalb der Stadt, vielleicht wegen des für die rituellen Waschungen benötigten Wassers.[12]

An diesem Ort der Kommunikation trifft Paulus nach diesem Text auf Frauen. Er setzt sich zu ihnen und kommt mit ihnen ins Gespräch. Dieses Detail lässt sich mit vielen weiteren Details in frühchristlichen Texten des ersten und zweiten Jahrhunderts verbinden. Frauen scheinen einen erheblichen Anteil an den entstehenden christlichen Gemeinden gehabt zu haben, sowohl numerisch – sie sind darin überproportinal stark vertreten – als auch im Blick auf ihre Bedeutung und ihre Aktivitäten für die Organisation und den Aufbau der Gemeinden.[13]

Zu diesen Frauen gehört eine Lydia, die einerseits als Purpurhändlerin aus der Stadt Thyatira beschrieben wird, andererseits als „Gottesfürchtige". Auch diese Details werden durch entsprechende Aussagen über manche Frauen in anderen Quellen ergänzt. Thyatira ist eine Stadt in Lydien im westlichen Kleinasien und bekannt wegen ihrer Purpurindustrie. Purpur ist eine Luxusware, mit deren Handel man in der Regel reich geworden ist. Eine Purpurhändlerin in Philippi, die aus Thyatira stammt, importiert möglicherweise Purpur aus Lydien nach Europa, und diese Handelstätigkeit hat sie gewiss zu einer wohlhabenden und unabhängigen Frau gemacht. Von einem Mann dieser Lydia hören wir nichts, so dass sie vielleicht Witwe war oder immer unverheiratet gewesen ist. Jedenfalls gehört sie mit diesen Zügen zu einem Typ von Frau, wie wir ihn gerade in den hellenistischen Städten der römischen Kaiserzeit nicht selten antreffen: unabhängige Frauen, die an ein eigenständiges Leben in der Öffentlichkeit gewöhnt sind und entsprechend auftreten. Es hat nicht wenige solcher Frauen im frühesten Christentum und in den paulinischen Gemeinden gegeben, die mit ihren Ressourcen, das heißt mit Geld, Häusern und Beziehungen, die Gemeinden unterstützt haben bzw. zu Stützpunkten für die sich bildenden christlichen Gemeinden geworden sind. Man sieht an diesem Zug auch, dass die frühchristliche Mission sich nicht an die Armen und Bettler in den Straßen gewandt hat, sondern eher an eine wohlhabende Schicht in den griechischen Städten. Und setzt man sich wieder viele Details zusammen, sieht man das Christentum sich gerade in dieser Schicht ausbreiten.[14]

Zum zweiten wird Lydia als „Gottesfürchtige" bezeichnet, also als eine Nichtjüdin, die sich für das Judentum interessiert, die zwar nicht formell zum Judentum übertritt, aber zum Teil jüdische Riten praktiziert, etwa, wie aus diesem Text hervorgeht, zur Synagoge geht. Das gehört einerseits erneut zu den Typisierungen der Apostelgeschichte, in denen die Mission des Paulus in der Regel so beschrieben wird, dass (Typisierung 1) Paulus sich erst immer an die Juden in den Synagogen wendet, von diesen aber (Typisierung 2) regelmäßig abgelehnt wird, aber (Typisierung 3) im Kreise der Interessenten am Judentum aus dem Heidentum auf Anklang stößt. So sehr das freilich in der Apostelgeschichte typisiert ist, so gut kann man sich das konkret durchaus vorstellen, wie in der geschilderten Szene in Philippi. Wir können aufgrund der Quellen nicht wirklich sagen, ob das Christentum gleichsam auf der Basis dieser „Gottesfürchtigen" in der ersten Generation groß geworden ist. Wohl aber kann man sich vorstellen, dass es durchaus „Gottesfürchtige" gegeben hat, für die das Christentum attraktiv war. Diese Heiden hatten schon Interesse am Judentum, kannten offenbar jüdisches Leben und jüdische Traditionen, und zwar aus der Präsenz jüdischer Gemeinden in ihrer Stadt. Sie waren davon fasziniert und haben sich dem religiösen Leben der Synagogengemeinde in gewisser Weise angeschlossen, sind aber nicht zum Judentum übergetreten, weil die Eingangshürden, speziell für Männer durch die Beschneidung, für einen griechischen Mann sehr hoch waren. Für solche Leute kann man sich vorstellen, dass das, was Paulus ihnen verkündete, attraktiv war. Denn der Kern der paulinischen Botschaft besteht darin, ohne Jude werden zu müssen, ohne das jüdische „Gesetz" und die darin geforderten Lebensregeln, allein über den Glauben an Jesus zum Heil zu kommen. Diese Darstellung in Apg 16 ist also nicht unplausibel, und aus dem Philipperbrief des Paulus geht aus manchen Stellen hervor, dass in Philippi offenbar eine rein heidenchristliche Gemeinde entstanden ist.[15]

Dieser Kontakt bei der Synagoge führt dazu, dass Lydia „und ihr Haus", wie die entsprechende Formel lautet, also die Mitglieder ihres Hauses (Familienangehörige, Gesinde) sich taufen lassen und damit durch diese Frau Lydia und in ihrem Haus eine christliche Gemeinde, oder besser gesagt eine Keimzelle für eine solche in der Stadt Philippi entsteht. Das Haus der Lydia wird denn auch gleich zur Unterkunft für Paulus. Aus den Wundergeschichten, die in Apg 16 im Folgenden erzählt werden, geht jedenfalls hervor, dass sich im Haus der Lydia offensichtlich eine solche Gemeinde bildet. In Apg 16,40 ist von den Brüdern die Rede, die sich in ihrem Haus versammeln, sowie davon, dass auch Paulus im Haus der Lydia wohnt und weiterhin vermutlich „missioniert".[16]

3.3 Beispiel II: Korinth

„Paulus kam nach Korinth. Er traf dort auf einen Juden namens Aquila, der Herkunft nach aus Pontus, der kürzlich aus Italien gekommen war, und auf Priscilla, dessen Frau; denn Claudius hatte angeordnet, dass alle Juden Rom zu verlassen hätten. Er ging zu ihnen, und weil er Berufsgenosse war, blieb er bei ihnen und arbeitete. Sie waren nämlich Zeltmacher von Beruf. Paulus redete jeden Sabbat in der Synagoge und versuchte Juden und Griechen zu überzeugen" (Apg 18,1–4).[17]

Es gehört erneut zur üblichen Typisierung der Apostelgeschichte, dass Paulus auch in Korinth in der Synagoge sein Evangelium zur Diskussion stellt. Von Korinth wird erzählt, dass der Synagogenvorsteher Crispus sich mit seinem ganzen Haus taufen lässt (Apg 18,8) und dass ein Gottesfürchtiger namens Titius Justus sich dem Christentum anschließt und Paulus, aus der Synagoge vertrieben, in dessen Haus, das an die Synagoge angrenzt, Unterschlupf findet (Apg 18,7). Es sind aber nicht diese Nachrichten, die für die Missionspraxis des Paulus in Korinth interessant sind. Sehr viel aufschlussreicher ist die Auskunft über seinen Beruf als Zeltmacher und das Gewerbe des Ehepaars Aquila und Priscilla, bei denen er in Korinth nach diesem Bericht unterkommt.[18] Offensichtlich führt ihn die Suche nach einem Arbeitsplatz, mit dem er sich seinen Lebensunterhalt verdienen kann, zu Aquila und Priscilla. Bei diesem Ehepaar handelt es sich um Juden, die schon Christen waren, als sie von Rom nach Korinth kamen. In der weiteren Tätigkeit des Paulus spielten sie eine nicht unerhebliche Rolle: Von Korinth begaben sie sich nach Ephesus, wo sie Paulus ebenfalls bei seinem dortigen Aufenthalt unterstützten (1 Kor 16,19), und von dort gingen sie offenbar wieder zurück nach Rom, wohin Paulus ihnen im Römerbrief Grüße ausrichten ließ (Röm 16,3f.). Über die berufliche Tätigkeit kommt Paulus also in Kontakt mit diesem Ehepaar; ihre Werkstatt, in der Paulus Arbeit findet, wird zur Keimzelle für die Bildung einer christlichen Gemeinde in Korinth. Dieser konkrete Lebensort scheint mir hierfür wichtiger zu sein als die im Folgenden genannte Synagoge; denn letztere gehört ja, wie jetzt schon öfter gesagt, zu den Typisierungen in der Darstellung der Apostelgeschichte. Zu erwähnen ist noch, dass, wie Lydia in Philippi, auch Aquila und Priscilla gewiss wohlhabende Leute gewesen sind. Denn trotz ihrer Vertreibung aus Rom waren sie offensichtlich in der Lage, in Korinth eine Werkstatt zu eröffnen. Paulus kommt also in ein Haus in Korinth, in dem zumindest die Hausherren schon Christen sind, Judenchristen wie Paulus. Das Christentum in Korinth beginnt damit an einem ganz profanen Ort. Unschwer kann man sich vorstellen, wie diese Leute an der Arbeitsstelle neben anderen Dingen auch über ihren neuen Glauben reden.

3.4 Die Missionspraxis des Paulus
Das Fazit aus diesen Texten und Überlegungen ist schnell gezogen: Von einem Marktplatzprediger Paulus kann keine Rede sein. Und obwohl Paulus eine übergeordnete Missionsstrategie verfolgte, war sein konkretes Vorgehen vor Ort doch nicht von einem gleichsam strategischen Handeln geprägt, sondern nutzte er die alltäglichen Möglichkeiten der Kommunikation, um mit verschiedenen Leuten über das Evangelium ins Gespräch zu kommen. Auf eben

diesen Wegen der „Mikrokommunikation" wurde das Christentum in den folgenden Generationen gleichsam unter die Leute gebracht.

4. „Exkulturation"

Von der beschriebenen Form der Ausbreitung des Christentums in der römischen Kaiserzeit über Mund-zu-Mund-Propaganda aus will ich noch kurz etwas zu dem zweiten Begriff meiner Überschrift sagen, zu „Exkulturation". Der Begriff steht ganz bewusst in Anführungszeichen, weil ich ihn wörtlich genommen gar nicht wirklich meine. Er dient mir lediglich als ein etwas provozierendes Kennzeichen für einen Sachverhalt, der zu diesen beschriebenen Vorgängen der antiken Mission notwendig gehört und diese von dem, was wir in der Neuzeit unter Inkulturation verstehen, prägnant unterscheidet. In der frühesten Zeit verlief Mission nämlich nicht so, dass gleichsam ganze Städte oder gar Regionen oder Länder durch ein von außen kommendes Christentum „erobert" worden wären. Das ist die Art von Mission, wie sie in weltweiten Dimensionen für die Neuzeit typisch ist und mit der man das Stichwort Inkulturation in der Regel verbindet. Für die Ausbreitung des Christentums in der Antike ist demgegenüber Folgendes kennzeichnend, was mit der beschriebenen Art der Missionspraxis eng verknüpft ist:

Einerseits kann man natürlich auch schon für das früheste Christentum von einem Prozess der Inkulturation sprechen. Denn versteht man darunter das Hineinwachsen der christlichen Religion in die antike Kultur bzw. in regionale Kulturen des antiken Mittelmeerraumes, dann handelt es sich bei der Missionierung des frühen Christentums insofern um einen Prozess der Inkulturation, als fundamentale Überzeugungen des Christentums aus dem Judentum stammen. Diese ihrer Herkunft nach jüdischen Anschauungen mussten der nichtjüdischen, vor allem griechisch und römisch geprägten Kultur und Religiosität vermittelt werden. Diese Auseinandersetzung von Antike und Christentum, wie man diesen Prozess nennt, war ein komplexer Vorgang wechselseitiger Beeinflussung. Beide Größen wirkten aufeinander ein und veränderten sich dabei. Die am Ende der Antike aus diesem Prozess hervorgehende christliche Religion und Kultur war ein Amalgam aus jüdischen und heidnischen Zutaten.

Andererseits ist Inkulturation für die Mission des Christentums in der Antike streng genommen doch ein unpassender Begriff. Er geht nämlich mit der Vorstellung einher, als habe eine schon fertig ausgebildete Religion namens Christentum von der antiken Welt Besitz ergriffen, als wäre diese ihr fremd gewesen. In beiden Punkten liegen die Dinge anders. Erstens entstand das Christentum erst im Laufe der ersten Jahrhunderte, so dass die Gestaltwerdung des Christentums in allen seinen Dimensionen mit seiner Ausbreitung einherging. Mission und Formung des Christentums waren parallel ablaufende, sich gegenseitig befruchtende Prozesse. Zweitens geschah diese Entwicklung in einer Welt, die den Christen gerade nicht fremd war. Das Christentum wurde nicht als fremde Größe in die antike Welt inkulturiert. In der Antike verhält es sich, zugespitzt ausgedrückt, gerade umgekehrt. Es waren Menschen der Antike, die sich dem Christentum zuwandten, und das in ihrer Kultur und Gesellschaft, aus der sie kamen und in der sie weiterhin lebten. Und diese antiken Menschen machten das Christentum zu dem, was es am Ende der Antike dann war. Das antike Christentum kam also nicht von außen in die antike Welt, sondern entstand in und aus der antiken Kultur. In diesem Sinne könnte man von „Exkulturation" sprechen: Die Größe, die das Christentum in seiner frühen Geschichte in allen seinen Aspekten geworden ist, ist eine Religion, die sich aus dem Judentum, seiner Herkunftsreligion, und aus der Antike, seiner Herkunftswelt, entwickelt hat.

An der beschriebenen Missionspraxis des Paulus kann man diesen Vorgang zum ersten Mal studieren. Wenn Paulus in Philippi mit einer Purpurhändlerin namens Lydia bei der Synagoge ins Gespräch kommt oder wenn Paulus in Korinth in der Sattlerei eines judenchristlichen Ehepaares Arbeit findet und beide Häuser in Philippi und in Korinth zur Keimzelle einer christlichen Gemeinde werden, dann kommt mit Paulus nicht ein Fremder in eine ganz andere Welt und bringt nicht von außen eine Botschaft, die des Evangeliums, in eine Welt, die von dem, was diese Botschaft konstituiert, bislang völlig unberührt geblieben wäre. Vielmehr kommt ein hellenistischer Jude aus Tarsus in Kilikien Mitte des ersten Jahrhunderts auf seinem Weg durch Hauptstädte der griechisch-römischen Welt an Orte, in denen sich ebenfalls hellenistische Juden befinden, die zum Teil schon Kontakt mit der Botschaft haben, die er selber in diesem Kontext verkündet, für die diese Botschaft zum Teil aber neu ist. In dieser Welt, in der sich Judentum, Griechentum und Römertum auf vielfältige Weise überkreuzen, verkündet Paulus, der ein Angehöriger dieser Welt ist, unter Angehörigen dieser Welt einen neuen Gedanken, eine neue Überzeugung, nämlich die Messianität Jesu und ihre Bedeutung für alle Menschen. Aus jüdischen und aus griechischen Elementen entstehen so in der antiken Welt christliche Gemeinden.

Der Missionsalltag des Paulus zeigt uns Paulus also an den konkreten Lebensorten der Menschen, die zu derjenigen sozialen Schicht gehören, der er selbst entstammt. Nach allem, was wir von Herkunft und Bildung des Paulus wissen, dürfte er wie Lydia, wie Aquila und Priscilla, zu der wohlhabenden Schicht in den Städten gehört haben, in seinem Fall zu der wohlhabenden

Schicht hellenistischer Juden, die für die griechischen Städte im östlichen Mittelmeerraum weithin typisch sind. Von Paulus lernen? Von Paulus lernen heißt nach diesen Texten und Überlegungen, sich nicht in der Öffentlichkeit zu exponieren und die Leute anzupredigen oder über ihre Köpfe hinweg zu predigen, sondern von Paulus lernen heißt in diesem Sinn, an die Orte zu gehen, an denen die Menschen leben, mit ihnen mitleben in ihrer beruflichen Welt, in ihrem privaten Leben, in ihren Häusern, in ihrem religiösen Tun, und von Paulus lernen heißt, konkret vor Ort von der christlichen Botschaft zu reden.

Anmerkungen

1 Das hat Norbert Brox in einem sehr erhellenden Beitrag herausgestellt: Zur christlichen Mission in der Spätantike, in: Karl Kertelge (Hg.), Mission im Neuen Testament (Quaestiones disputatae 93), Freiburg i.Br. u.a. 1982, 190–237, erneut in: Norbert Brox, Das Frühchristentum. Schriften zur Historischen Theologie, hg. v. Franz Dünzl/Alfons Fürst/Ferdinand R. Prostmeier, Freiburg u.a. 2000, 337–373, bes. 339–356 zur Frage nach einer Theorie der frühchristlichen Mission.

2 Siehe Brox, Mission 356–369, wo die ältere Literatur dazu ausgewertet ist.

3 Das ist ein von Wolfgang Reinbold für die im Folgenden geschilderten Zusammenhänge vorgeschlagener Begriff: Propaganda und Mission im ältesten Christentum. Eine Untersuchung zu den Modalitäten der Ausbreitung der frühen Kirche (Forschungen zur Religion und Literatur des Alten und Neuen Testaments 188), Göttingen 2000, 204–206.

4 Die diesbezüglichen Realitäten in den ersten drei Jahrhunderten hat Christine Mühlenkamp eingehend analysiert: „Nicht wie die Heiden". Studien zur Grenze zwischen christlicher Gemeinde und paganer Gesellschaft in vorkonstantinischer Zeit (Jahrbuch für Antike und Christentum. Erg.-Bd. Kleine Reihe 3), Münster 2008.

5 Siehe speziell zu diesem Brauch Mühlenkamp, „Nicht wie die Heiden" 54f. 101–103. 132.

6 Zum „Sonderfall Paulus" siehe neuerdings Martin Ebner, Die Kirche in vorkonstantinischer Zeit. Von den Anfängen bis zur Mitte des 2. Jahrhunderts, in: Bernd Moeller (Hg.), Ökumenische Kirchengeschichte. Band 1: Von den Anfängen bis zum Mittelalter, Darmstadt 2006, 15–57, hier 39–42.

7 Diese hat Wolfgang Reinbold eingehend untersucht: Propaganda und Mission 182–225.

8 So Dieter Georgi, Forms of religious propaganda, in: H. J. Schultz (Hg.), Jesus in his time, Philadelphia 1971, 124–131, hier 124, in das Deutsche übersetzt aus der englischen Zitierung bei Reinbold, Propaganda und Mission 200 Anm. 15.

9 Das Folgende im Anschluss an Reinbold, Propaganda und Mission 200–202.

10 Übersetzung: Rudolf Pesch, Die Apostelgeschichte (Apg 13–28) (Evangelisch-

Katholischer Kommentar zum Neuen Testament V/2), Zürich u.a. 1986, 103 mit Modifizierungen.

[11] Siehe die Auswertung bei Reinbold, Propaganda und Mission 186.

[12] Näheres dazu bei Pesch, Apostelgeschichte 104f.

[13] Eine unkonventionelle, aber sehr erhellende Analyse dazu liefert Rodney Stark, Der Aufstieg des Christentums. Neue Erkenntnisse aus soziologischer Sicht, Weinheim 1997, 111–149.

[14] Auch dazu findet sich Erhellendes bei Stark, Der Aufstieg des Christentums 35–54.

[15] Siehe Pesch, Apostelgeschichte 105f.

[16] Zu den Anfängen der frühchristlichen Gemeinden im antiken „Haus" siehe Hans-Josef Klauck, Hausgemeinde und Hauskirche im frühen Christentum, Stuttgart 1981.

[17] Übersetzung: Pesch, Apostelgeschichte 145 mit Modifizierungen.

[18] Siehe dazu Pesch, Apostelgeschichte 147; Reinbold, Propaganda und Mission 184f. 187. 221–224.

Von der heutigen Notwendigkeit „Paulinischer Kühnheit"
Weltkirche auf dem Weg zur kulturellen Vielfalt

Giancarlo Collet

Vor dreißig Jahren schrieb Karl Rahner den Aufsatz „Theologische Grundinterpretation des II. Vatikanischen Konzils". Das vergangene Konzil sei „das erste großamtliche Ereignis (...), in dem sich die Kirche als Weltkirche vollzog". Die darin entfaltete Grundidee lautete: „Das II. Vatikanische Konzil ist in einem ersten Ansatz, der sich erst tastend selber zu finden sucht, der erste amtliche Selbstvollzug der Kirche als Weltkirche."[1] Zwar sei die Kirche „in potentia" immer Weltkirche gewesen, doch ihr Verhältnis zur außereuropäischen Welt war „das Tun einer Exportfirma ..., die eine europäische Religion, ohne eigentlich diese Ware verändern zu wollen, in alle Welt exportierte wie ihre sonstige sich überlegen haltende Kultur und Zivilisation."[2]

Rahner unterstrich diese Aussage durch eine Dreiteilung der Kirchengeschichte, indem er von drei Großepochen sprach. Nach einer kurzen Periode des Juden-Christentums sei eine Periode gefolgt, in der die Kirche in einem bestimmten Kulturkreis, nämlich des Hellenismus und der europäischen Kultur und Zivilisation wirkte, und die eben erst begonnene Periode, in der sich das Christentum als „aktuelle Weltreligion (...) zu ereignen anschickt". Während in der Periode des Juden-Christentums die christliche Verkündigung noch innerhalb der eigenen geistesgeschichtlichen Ursprungssituation und nicht einer davon verschiedenen erfolgte, habe Paulus mit der „Abschaffung der Beschneidung" den Übergang von einem Juden-Christentum zu einem Christentum der Heiden inauguriert und damit eine radikal neue Periode der Kirchengeschichte eingeleitet, in der das Christentum auf dem Boden des Heidentums als solchem sich einpflanzte und nicht bloß Export des Juden-Christentums in die Diaspora war.

Der „Übergang vom antiken heidnischen Christentum des Mittelmeerraums in das mittelalterliche und neuzeitliche Christentum Europas" ist für Rahner weniger einschneidend als der jetzige zweite „Übergang von dem Christentum Europas zu einer aktuellen Weltreligion", wobei er unter Übergang eine „Zäsur im wörtlichen Sinne" versteht. Rahner wagt die These, „dass wir heute zum erstenmal wieder in der Zeit einer solchen Zäsur leben, wie sie beim Übergang vom Juden-Christentum zum Heiden-Christentum gegeben war".[3] Wenn denn der „Sinn, den das II. Vaticanum gehabt hat", nicht dadurch verraten werden soll, dass die Kirche die unterschiedlichen Kulturen nicht anerkenne und aus solcher Anerkennung die nötigen Konsequenzen ziehe, dann bedürfe es „paulinischer Kühnheit"; ansonsten bliebe sie westliche Kirche.[4]

Inwieweit sind wir tatsächlich auf dem Weg zur Weltkirche und bedarf es noch „paulinischer Kühnheit", um in ihr die kulturelle Vielfalt zu realisieren? Im Folgenden soll diese Thematik exemplarisch erörtert und nach praktischen Konsequenzen für das Verhalten und den Umgang der Kirchen untereinander gefragt werden, welche dem Ziel einer Weltkirchewerdung dienen sollen.

Dass wir in der Tat auf dem Weg zur Weltkirche sind, ist in einem empirischen Sinn überprüfbar, wie uns ein kurzer Blick in die Statistik zeigen kann und zwar vor allem dann, wenn den kontinentalen Anteilen an der Weltchristenheit die besondere Aufmerksamkeit geschenkt wird.[5]

Statistische Angaben

	1900	1970	2000	2008
Weltbevölkerung	1.619.625.000	3.696.595.000	6.085.572.000	6.691.484.000
Christen insgesamt	521.664.000	1.124.035.000	1.901.543.000	2.113.119.000
	34,5 %	33,4 %	33,1 %	33,3 %
Davon Pentekostale/ Charismatiker	981.000	68.272.000	505.001.000	601.652.000
	0,18 %	6,1 %	26,5 %	28,5 %

Kontinentaler Anteil am Welt-Christentum

	1900	1970	2000	2008
Afrika	8.756.000	116.538.000	350.091.000	423.675.000
	1,6 %	10,4 %	18,4 %	20 %
Asien	20.781.000	92.497.000	292.443.000	355.008.000
	4 %	8,2 %	15,4 %	16,8 %
Europa	368.209.000	467.922.000	550.729.000	556.359.000
	66 %	41,6 %	28,9 %	26,3 %
Lateinamerika	60.027.000	263.549.000	479.137.000	530.187.000
	10,7 %	23,4 %	25,2 %	25 %
Nordamerika	59.570.000	168.942.000	208.282.000	220.374.000
	10,6 %	15 %	11 %	10,4 %
Ozeanien	4.322.000	14.587.000	20.858.000	22.778.000
	0,8 %	1,3 %	1 %	1 %

Die überwältigende Mehrheit aller Christinnen und Christen lebt mittlerweile in der sog. nicht-westlichen Welt, nämlich in Lateinamerika, Afrika, Asien und Ozeanien. Auch wenn die römisch katholische Kirche weltweit die mitgliederstärkste Kirche war und ist, so ist dennoch das enorme Wachstum der Pfingstkirchen, Neopentekostalen und Charismatiker unübersehbar, wobei der Schwerpunkt auch hier die nicht-westliche Welt ist. Der kurze Blick in die Statistik weist also auf die Tatsache hin, dass inzwischen die Christenheit mit über 60% ihren Ort im Süden hat, und darüber hinaus, dass die Armen in ihr auch deren Mehrheit stellen. Das, was empirisch als Weltkirche bezeichnet werden kann, ist darum auch als Dritte-Welt-Kirche zu denken.

Die meisten heutigen Christinnen und Christen haben ihre Identität in den Traditionen nicht-europäischer Kulturen und im Kontext nicht-christlicher Religionen zu gewinnen, auch wenn es im Zuge der Globalisierung eine Kultur nivellierende „McDonaldisierung" der Welt gibt. Das Ringen dieser Kirchen um eine eigene geschichtliche und kulturelle Identität eröffnet jedenfalls dem Christentum, das selbst auf dem Weg ist, eine nicht mehr nur abendländische Religion zu werden, die Möglichkeit einer multikulturellen Weltkirche. Die verschiedenen sozio-kulturellen Situationen, in die sich zu begeben das Christentum im Begriff ist, lassen allerdings den Glauben nicht unberührt. Im Gegenteil: sie fordern dazu heraus, das eine Evangelium in der Vielfalt seiner Stimmen vernehmbar zu machen, wobei es zu Spannungen und Auseinandersetzungen kommt, die auch uns und unseren Glauben unmittelbar betreffen.[6]

Vor allem geht die Verlagerung des Gravitationszentrums der Weltkirche vom Norden in den Süden einher mit einer „Verarmung" der Kirche. Die weltweite Armutsproblematik, die sowohl als eine soziale wie auch als eine ekklesiologische Herausforderung zu begreifen und zu bearbeiten ist, wirft die Frage auf: Was geschieht, wenn die Weltkirche die Armutsproblematik wirklich an sich herankommen lässt? Was wären die Folgen für die Beziehungen zwischen den Ortskirchen im Norden und im Süden? Wenn die Feier der Eucharistie Zeichen der Einheit der Christinnen und der Christen sein soll, was bedeutet es dann, dass es innerhalb der einen Weltkirche gleichzeitig arme und reiche Ortskirchen gibt und innerhalb einzelner Ortskirchen „Hungernde" und „Satte", Nichtshabende und Besitzende? Um dies an einem nicht nebensächlichen Beispiel deutlich zu machen:

Paulus hat mit aller Deutlichkeit in seinen Ermahnungen an die Gemeinde von Korinth gezeigt, dass es ein Verrat am Herrenmahl ist, wenn es unter den Teilnehmenden unsolidarisches Verhalten, ja Parteiungen, gibt: „Was ihr bei euren Zusammenkünften tut, ist keine Feier des Herrenmahls mehr; denn jeder verzehrt sogleich seine eigenen Speisen, und dann hungert der eine, während der andere schon betrunken ist (...) Wollt ihr jene demütigen, die nichts haben?" (1 Kor 11, 20f.). Das ist keine Feier des Herrenmahles mehr, denn mit Jesus Gemeinschaft haben bedeutet mit den Geschwistern zu teilen (vgl. Apg 2, 42-46), und der letzte Grund dafür liegt im Herrenmahl selbst: „Denn: Sooft ihr dieses Brot esst und den Becher trinkt, kündet ihr den Tod des Herrn an – bis er kommt." (1 Kor 11, 26) Eucharistie ist also Verkündigung des Todes des Herrn (τὸν θάνατον τοῦ κυρίου καταγγέλλετε ἄχρισ οὗ ἔλθῃ). Bedeutet dies nicht, dass in einer Kirche, wo es unsolidarisches Verhalten unter den Geschwistern gibt, nicht das Herrenmahl gefeiert und auch Verkündigung unmöglich wird?[7] Und wird, wenn dieser Skandal weltweiter Armut nicht wahrgenommen und seine Überwindung im pastoralen Handeln der Kirche nicht die dringend notwendige Priorität findet, die Eucharistie nicht zum „Gegen-Zeichen" besagter Einheit zwischen den Geschwistern, welches die Glaubwürdigkeit des Evangeliums täglich aufs Spiel setzt, weil sie die herrschenden gesellschaftlichen Ungerechtigkeiten in sich selber widerspiegelt und akzeptiert statt zu deren Beseitigung motiviert?[8] Nur wenn es gelingt, innerhalb der eigenen Reihen – mehr als gewohnt – solidarische Strukturen aufzubauen, nicht bloß von unserem Überfluss großzügig abzugeben, sondern eine „Kultur des Teilens" zu entwickeln, wird es christlichen Gemeinden gelingen, für eine universale Solidarität aller Menschen glaubwürdig werben zu können.

Sodann ist zu beachten und sind die Konsequenzen daraus zu ziehen, dass die Ekklesiologie des 2. Vatikanischen Konzils ein neues kulturelles Selbstbewusstsein vor allem bei den Völkern in den Kirchen des Südens förderte. Das bis dahin vorherrschende Kirchenverständnis war zentralistisch und uniformistisch und bestimmte weitgehend die europäische Missionsarbeit in Übersee, welche zum Aufbau verschiedener Ortskirchen in der ganzen Welt führte. Diese Ortskirchen blieben jedoch ohne tiefere Wurzeln in ihren jeweiligen kulturellen Traditionen, nicht bloß wegen einer geistigen und materiellen Abhängigkeit von fremden Ressourcen oder fehlender Bemühungen um vorbehaltlose Begegnung mit den unterschiedlichen Kulturen, sondern vor allem auch deshalb, weil die vorgefundenen Kulturen in ihrer Bedeutung für das Kirchewerden und die Weltkirche nicht genügend gewürdigt wurden.[9] Die neuzeitliche Missionsgeschichte ist – von Ausnahmen abgesehen – größtenteils geprägt durch die Transkulturation westlicher Kirchenstrukturen, liturgischen Lebens, kirchlicher Ordnung und theologischer Reflexion in die außereuropäische Welt. Sie waren westlicher Export einer bestimmten Gestalt des Christentums, ohne hinreichende Anerkennung wesentlicher Unterschiede anderer Kulturen.

In der nachkonziliaren Zeit wurde deshalb die Inkulturation als eine Hauptaufgabe der Kirche betrachtet, das Bemühen, das spirituelle und kulturelle Erbe der Völker aufzugreifen. Zu erinnern ist beispielsweise an den neuen zugelassenen Messritus in Zaire bzw. an das römische Messbuch für die Diözesen Zaires, aber auch die von der „Kongregation für die Sakramente und den Gottesdienst" verbotene „Missa de Quilombos" oder die „Missa de tierra sin mal" sind zu erwähnen. Das Christentum ist auf dem Weg sich in alle Sprachen und Dialekte, in die verschiedensten Kulturen, Subkulturen und sozialen Milieus einzunisten. Wir sind tatsächlich auf dem Weg zu einer „kulturell polyzentrischen Weltkirche", wie Johann Baptist Metz oft bemerkt hat.[10] Dieser Polyzentrismus stellt die Beziehungen zwischen den einzelnen Kirchen unter neue Herausforderungen, wie nämlich Vielfalt und Einheit gegenseitig auszutarieren sind.

Kirche als die von Gott gerufene und in die Nachfolge Jesu gestellte Gemeinschaft ist von Pfingsten her kraft des Heiligen Geistes universal, d.h. auf alle Menschen, Nationen und Völker ausgerichtet (vgl. Apg 2, 1-11). Dieser Geist wirkt bei den Menschen in der Pluralität ihrer Sprachen und Kulturen eine Vielfalt von Gaben und zugleich die Einheit im Verstehen. Als das neue Volk Gottes ist die Kirche ein Volk in und aus allen Völkern. Christlicher Universalismus bricht in seiner ursprünglichen Bestimmung radikal mit jeglichem Gentilismus, d.h. er überwindet grundlegend Stammesdenken und Nationalismus, weil diese Eigeninteressen gegen universale Solidarität behaupten. Leider wird jedoch durch einen nach wie vor wirksamen innerkirchlichen Eurozentrismus, der seine eigene kulturelle Relativität nicht genügend vom Wesen des Evangeliums und dessen kulturellen Erfordernissen (z.B. Menschenrechte) unterscheidet, sondern die Gestalt des eigenen Christ- und Kircheseins als bestimmende Norm auch für Andere erklärt, ein solcher kultureller Universalismus bis heute Lügen gestraft. Weltkirche wäre viel bunter, wenn die Eigenständigkeit der einzelnen Ortskirchen mehr respektiert statt beschnitten und missachtet würde.[11]

Haben die einzelnen Ortskirchen jenen Freiheitsraum, den sie für die Suche und die Gestaltung ihres je eigenen Ausdrucks benötigen oder wird dieser nicht zu schnell aus Angst davor, die Einheit des Glaubens und der Kirche könne darunter leiden, gar nicht geöffnet? Welche Eigenständigkeit räumt Rom anderen Kontinentalkirchen ein, welche Initiativen werden unterstützt, welche verhindert? Ein Hinweis auf das Schlussdokument der letzten Generalkonferenz des Episkopats von Lateinamerika und der Karibik in Aparecida 2007 mag genügen. Zeugt der inhaltliche Eingriff in ein von einer Generalversammlung verabschiedetes Dokument nicht von mangelndem Respekt gegenüber all jenen, die in tage- und nächtelanger Arbeit sich über den zukünftigen Weg ihrer Kontinentalkirche auseinandergesetzt haben?

Dass es bei den verschiedenen Inkulturationsbemühungen zu einem neuen Miteinander unter den Ortskirchen untereinander und mit der Universalkirche kommen muss, steht außer Frage. Es geht dabei ja nicht nur um liturgische oder theologische Einzelfragen, sondern auch um eine neue Ordnung der ekklesialen Struktur, in der sich die Kirche als tatsächliche Weltkirche bis in ihre rechtliche Verfassung abbilden würde. Es ist nicht verwunderlich, wenn dabei, ähnlich wie bei dem ersten vergleichbaren Prozess dieser Art, dem Verhältnis der Jerusalemer Mutterkirche zu den neu entstandenen hellenistischen Ortskirchen, „große Aufregung und heftige Auseinandersetzung" (Apg 15, 2), ja ein „heftiger Streit" entsteht (Apg 15, 7). Doch wie damals ist das Entscheidende, dass alle zusammenbleiben, die unterschiedlichen Gruppen bzw. deren Vertreter aufeinander hören (Apg 15, 5.7.14), der kulturellen Eigenart der einzelnen Gruppen Rechnung tragen, und mit entsprechenden Interesse und Achtung voreinander, aufeinander zugehen, gegebenenfalls auch miteinander streiten (Apg 15, 19f.29) und so Beschlüsse gefunden werden, in denen das Wirken des Heiligen Geistes und das Bemühen der Versammelten zusammenklingen (Apg 15, 28).[12]

Schließlich möchte ich noch ein vielleicht zunächst verwunderliches Beispiel nennen, in dem das Bemühen um Inkulturation erkennbar wird und das nicht zuletzt die Armen anspricht. Bekanntlich zählen Pfingstkirchen bzw. die charismatische Bewegung zu den am schnellsten wachsenden Frömmigkeitsbewegungen unserer Zeit. Sie ist alles andere als einheitlich, hat verschiedene Wurzeln und differenziert sich immer mehr aus. Ihren Schwerpunkt hat diese Bewegung jedenfalls im Süden und stellt sowohl für die Kirchen als auch für das Verständnis des Evangeliums eine große Herausforderung dar. Nicht unerwähnt bleiben dürfen in diesem Zusammenhang zudem die überaus zahlreichen Afrikanischen Unabhängigen Kirchen (AIC), deren spirituelle, liturgische und theologische Ausdrucksformen den Pfingstbewegungen ähnlich sind, allerdings durch ihre Ablehnung westlicher Bevormundung und die starke Aufnahme traditioneller Kultur sich davon unterscheiden; sie gelten als inkulturierte Gestalten des Christentums.

Was macht die pentekostale, neopentekostale und charismatische Bewegung für viele Menschen denn so attraktiv? Angesichts ihrer Vielfalt, kultureller und geographischer Differenziertheit sind Verallgemeinerungen fehl am Platze, und auch die Erklärung, dahinter stünde eine neoimperialistische Haltung von finanzstarken (amerikanischen) Pfingstgruppen, dürfte zu einfach sein. Weder das Zuflucht-Argument, wonach die mangelnde personelle Besetzung und pastorale Versorgung katholischer Gemeinden Mitglieder bei ortsnahen geistlichen Beratern und kleineren Gruppen Zuflucht suchen lassen, noch das Verelendungs-Argument, wonach der wachsende Erfolg der neuen religiösen Bewegungen auf die Tatsache zurückzuführen sei, dass vor allem arme Menschen, deren Lebensperspektive massiv eingeschränkt ist, für neue spirituelle Erfahrungen besonders anfällig seien, vermögen ganz zu überzeugen. Das Zufluchts-Argument deshalb nicht, weil auch bei personell gut besetzten katholischen Gemeinden Mitglieder zu evangelischen Freikirchen und Sekten übertreten. Und das Verelendungs-Argument wird dadurch relativiert, dass der Wechsel vom Katholizismus zu den Frei- und Pfingstkirchen ein Phänomen auch der Mittelschichten darstellt.

Vielleicht liegt eine Erklärung in der inkulturierenden Kraft dieser Bewegungen. „Die Pfingstbewegung antwortet auf eine ernste und außerordentlich komplexe Krisensituation, die soziale, wirtschaftliche, psychologische, ekklesiale, kulturelle Komponenten enthält. In der Pfingstbewegung werden die Bedürfnisse von Menschen aufgenommen und beantwortet. Im Zungenreden erfahren sprachlos gewordene Menschen eine Lösung ihrer Zunge. In den kleinen Gemeinschaften finden sie Wärme und Nähe, in den Segnungen und Krankengebeten Fürsorge und Unterstützung und einen Freiraum inmitten einer sie bedrückenden Wirklichkeit. Die Pfingstbewegung hat therapeutische Funktion, sie stiftet Sinn in der Welt der Sinnlosigkeit."[13] In ihr werden das Bedürfnis nach Heilung, Lebensängste und menschliche Not ernst genommen bzw. was Menschen in den mainline-churches vermissen, scheinen sie in pentekostalen-charismatischen Bewegungen zu finden.

Freilich dürfen wir nicht die Schwierigkeiten ausblenden, die uns ein Gespräch mit ihnen schwer machen. So erscheinen Glaubensvorstellungen, wie sie in diesem Typ des im Süden aufkommenden Christentums zu finden sind, westlichen Intellektuellen als zu schlicht und supranaturalistisch. „Was Kirchen in Norden und Süden trennt, sind – vor dem Hintergrund unterschiedlicher Weltbilder – gegensätzliche Vorstellungen von unsichtbaren Mächten und deren Möglichkeiten, in die menschliche Lebenswelt direkt einzugreifen, und infolgedessen die durchaus unterschiedliche Art und Weise, in der Christen in Nord und Süd mit der Bibel umgehen."[14] Der bibelzentrierte Glaube vieler Kirchen im Süden scheint mit seiner unmittelbaren Applikation dieses Buches dessen Eigenart als geschichtliches Zeugnis wenig zu beachten. Stattdessen soll eine Affinität biblischer Weltbilder zu ihren Kosmologien und Lebenswelten eine unmittelbare Zugänglichkeit zur Bibel möglich machen, was den Kirchen im Norden abhanden gekommen sei. Gerade im Verständnis der Bibel und im Umgang mit dem Glaubenszeugnis ist deshalb ein Gespräch zwischen den Kirchen des Nordens und des Südens notwendig, von dem gegenseitig zu lernen wäre.

Wenn sich die Weltkirche auf dem mühevollen Weg einer Einwurzelung des christlichen Glaubens in die unterschiedlichsten Kulturen durch die einzelnen Ortskirchen befindet, so stellt sich mit der damit aufkommenden Pluralität auch die Frage nach der Einheit der Kirche, welche die Unterschiede der verschiedenen Kulturen respektiert und gleichzeitig diese Einheit institutionell greifbar macht. Eine mögliche Antwort auf diese Frage kann nicht den Skandal der faktisch bestehenden Getrenntheiten der christlichen Kirchen ausblenden, da dieser Zustand ja gegen die aufgegebene Einheit der Kirche verstößt, auch wenn „durch Gott in Jesus Christus in einem sehr fundamentalen Ausmaß den getrennten Kirchen trotz der Sündigkeit dieses Zustandes eine vorgegebene Einheit geblieben und wirksam ist."[15] Doch bleibt diese vorgegebene Einheit auch noch eine von allen Kirchen zu verwirklichende Einheit, welche die geschichtlich gewordenen Eigenarten und sich kulturell vielfältig realisierenden Ortskirchen anerkennt, ohne ihnen einen Zwang anzutun.

„Wenn eine auch institutionelle Einheit der Kirchen - so schreibt Rahner im Hinblick auf die Ökumene - nicht bloß eine harmlose Utopie der Ewigkeit ist, sondern eine verpflichtende Aufgabe, die in der heutigen geschichtlichen Situation der Welt immer dringlicher wird, dann müssten die Amtsträger doch in allen Kirchen (...) mit dem Mut der Verzweiflung und aller auch theologisch scharfsinnigen Phantasie, wenn wohl auch schrittweise, Taten setzen auf eine institutionelle Einheit der Kirchen hin. Das Papsttum in Rom dürfte sich nicht mit den sehr allgemeinen Erklärungen des Zweiten Vatikanums begnügen, innerhalb der einen Kirche sei genügend Platz für eine große Vielfalt vom Raum und der Geschichte her verschiedener Teilkirchen. Rom müsste mutig und selbstlos mit konkreten Taten beweisen, dass es entschlossen ist, auf eine ekklesiologische Monokultur in der römisch-katholischen Kirche zu verzichten, wie sie es vor allem in der Pianischen Epoche der Kirche ... angestrebt und weitgehend verwirklicht hat, in der praktisch die einzelnen Bischöfe entgegen der offiziellen Theorie kleine Verwaltungsbeamte des römischen Papstes waren, die unter Berufung auf eine angebliche, in Wirklichkeit aber gar nicht zwingende Einheit der Kirche keinen Spielraum für einigermaßen bedeutsame Entscheidungen hatten."[16] Als theologische Konsequenz müsste sich daraus ergeben, mit dem von Johannes Paul II. angeregten Nachdenken über die Gestaltung des Petrusamtes endlich ernsthaft zu beginnen.[17]

Durch das Aufkommen neuer Formen des Christentums, wie sich dieses im Süden präsentiert, steht der Norden vor der Herausforderung, die eigenen Vorstellungen von Orthodoxie und Uniformität zu überprüfen. Was uns zugemutet wird, ist nicht weniger als ein größeres Vertrauen darauf, dass unsere kulturelle Glaubensgestalt bei aller notwendigen Bestimmtheit dennoch vorläufig sein darf, und das Ernstnehmen kultureller Verschiedenheit. „Die Realitäten des Weltchristentums - bemerkt John Taylor - sind so beschaffen, dass jede gegenseitige ‚Anerkennung' möglicherweise nicht im Sinne einer Gültigkeitserklärung verstanden werden darf, als geschähe dies durch ein Prüfungsgremium, sondern von der ... Erkenntnis begleitet werden muss, dass jemand, den man einen Augenblick lang fälschlich für einen Fremden gehalten hat, in Wirklichkeit ein Mitglied der Familie ist."[18]

Die hier exemplarisch angedeutete Problematik des weltweiten Christentums kann als Kontext unseres aktuellen Paulusjahres nicht einfach übergangen werden. Ohne sie konsequenzbereit aufzunehmen, kann es nicht gelingen, sich nicht nur in historischer Rückschau von der Kühnheit des Paulus beeindrucken oder gar blenden zu lassen. Vielmehr drängt uns die heutige Situation des grundlegenden Periodenumbruchs im weltweiten Christentum dazu, „paulinische Kühnheit" als aktuelle Herausforderung für die Kirche und ihre Katholizität zu erkennen und Antworten neu zu wagen.

Anmerkungen

[1] K. Rahner, Theologische Grundinterpretation des II. Vatikanischen Konzils, in: Ders., Schriften zur Theologie, Bd. XIV (In Sorge um die Kirche), Zürich-Einsiedeln-Köln 1980, 287-302, 288.
[2] Ebd.
[3] Ebd. 297.
[4] Ebd. 298.
[5] Prozentual umgerechnet nach D.B. Barrett – T.M.Johnson, Annual Statistical Table on Global Mission, in: International Bulletin of Missionary Research 32 (2008) 27ff.
[6] Vgl. Culturas y evangelización. La unidad de la razón evangélica en la multiplicidad de sus voces, Hg. G.P. Suess, Abya-Yala 1992.
[7] Vgl. J.M. Castillo, La eucaristía, problema político, in: Ders., La alternativa cristiana. Hacia una iglesia del pueblo, Salamanca ^{7}1983, 322-346, 333ff.
[8] Vgl. J. Ratzinger, Einführung in das Christentum. Vorlesungen über das Apostolische Glaubensbekenntnis, München ^{7}1968, 288f; Unsere Hoffnung. Ein Bekenntnis zum Glauben in dieser Zeit, in: Gemeinsame Synode der Bistümer in der Bundesrepublik Deutschland. Beschlüsse der Vollversammlung. Offizielle Gesamtausgabe I, Hg. L. Bertsch u.a., Freiburg-Basel-Wien 1976, 84-111, 109 (IV.3); J.B. Metz, Brot des

Überlebens. Das Abendmahl der Christen als Vorzeichen einer anthropologischen Revolution, in: Ders., Jenseits bürgerlicher Religion. Reden über die Zukunft des Christentums, München-Mainz 1980, 51-69, 58f; J.M. Castillo, Donde no hay justicia, no hay eucaristía, in: Ders., La alternativa cristiana. Hacia una iglesia del pueblo, aaO. 302-321.

[9] Vgl. H. Waldenfels, Unterwegs zu einer Ethnologie des Christentums, in: G.M. Hoff – H. Waldenfels (Hg.), Die ethnologische Konstruktion des Christentums. Fremdperspektiven auf eine bekannte Religion, Stuttgart 2008, 149-166.

[10] J.B. Metz, Im Aufbruch zu einer kulturell polyzentrischen Weltkirche, in: F.X. Kaufmann - J.B. Metz, Zukunftsfähigkeit. Suchbewegungen im Christentum, Freiburg-Basel-Wien 1987, 93-123.

[11] Vgl. H.J. Pottmeyer, Das Verhältnis Weltkirche – Ortskirche: ein Lebensnerv der Kirche, in: Weltkirche – Ortskirche. Fruchtbare Spannung oder belastender Konflikt?, in: J. Werbick-F. Schumacher (Hg.), Münster 2006, 25-40; J. Werbick, Subsidiarität, Partizipation, Solidarität: hilfreiche und normative Prinzipien für die Gestaltung des Verhältnisses zwischen Ortskirchen und Weltkirche?, in: ebd. 41-61.

[12] Vgl. Was der Geist den Gemeinden sagt. Bausteine einer Ekklesiologie der Ortskirchen, Hg. L. Bertsch, Freiburg 1991, 11.

[13] K. Schäfer, Pfingstkirchen und neo-pfingstlerische Bewegungen als Herausforderung für die Kirchen der Dritten Welt, in: Geistbewegt und bibeltreu. Pfingstkirchen und fundamentalistische Bewegungen – Herausforderung für die traditionellen Kirchen, EMW (Hg.), Hamburg 1995, 91-107, 103.

[14] Th. Ahrens, Zur Zukunft des Christentums. Abbrüche und Neuanfänge, Frankfurt 2009, 33.

[15] K. Rahner, Einheit der Kirche – Einheit der Menschheit, in: Ders., Schriften zur Theologie, Bd. XIV (In Sorge um die Kirche), Zürich-Einsiedeln-Köln 1980, 382-404, 398.

[16] Ebd. 402.

[17] Enzyklika „Ut unum sint" von Papst Johannes Paul II. über den Einsatz für die Ökumene 25. Mai 1995, (Hg. Sekretariat der Deutschen Bischofskonferenz), Bonn s.a.: Nr. 95 „...Ich bin überzeugt, ... eine besondere Verantwortung zu haben, vor allem wenn ich die ökumenische Sehnsucht der meisten christlichen Gemeinschaften feststelle und die an mich gerichtete Bitte vernehme, eine Form der Primatsausübung zu finden, die zwar keineswegs auf das Wesentliche ihrer Sendung verzichtet, sich aber einer neuen Situation öffnet ... Der Heilige Geist schenke uns sein Licht und erleuchte alle Bischöfe und Theologen unserer Kirchen, damit wir ganz offensichtlich miteinander die Formen finden können, in denen dieser Dienst einen von den einen und anderen anerkannten Dienst der Liebe zu verwirklichen vermag."
Nr. 96 „... Könnte die zwischen uns allen bereits real bestehende, wenn auch unvollkommene Gemeinschaft nicht die kirchlichen Verantwortlichen und ihre Theologen dazu veranlassen, über dieses Thema mit mir einen brüderlichen, geduldigen Dialog aufzunehmen, bei dem wir jenseits fruchtloser Polemiken

einander anhören könnten, wobei wir einzig und allein den Willen Christi für seine Kirche im Sinne haben und uns von seinem Gebetsruf durchdringen lassen: „... sollen auch sie eins sein, damit die Welt glaubt, daß du mich gesandt hast" (Joh 17,21)?"
Vgl. H.J. Pottmeyer, Die Rolle des Papsttums im Dritten Jahrtausend, Freiburg 1999; J.R. Quinn, Die Reform des Papsttums, Freiburg 2001.

[18] J. Taylor, Die Zukunft des Christentums, in: Geschichte des Christentums, Hg. John McManners, Frankfurt-New York 1993, 643-682, 682.

Identität des Evangeliums

Reformatorische Pauluslektüre

Michael Beintker

1. *Solus Christus – Christus allein*
Die Schlüsselstellung des Apostels Paulus in der Kirche des Anfangs ist unumstritten. Aber Paulus hat die Kirchengeschichte geprägt weit über die Kirche des Anfangs hinaus. Ohne seine Briefe wäre das 16. Jahrhundert sicher ganz anders verlaufen. Kein anderer biblischer Autor hat die Reformation so sehr inspiriert und angeregt. Die Epistel des Paulus an die Römer sei „das rechte Hauptstück des Neuen Testaments und das allerlauteste Evangelium, welche wohl würdig und wert ist, daß ein Christenmensch nicht allein von Wort zu Wort auswendig wisse, sondern täglich damit umgehe als mit täglichem Brot der Seele", schrieb Martin Luther in den Vorreden zu seiner Übersetzung des Neuen Testaments, die 1522 auf der Wartburg entstanden war[1].

Ohne den Römerbrief wäre auch die Geschichte der Theologie des 20. Jahrhunderts anders verlaufen. Der epochemachende Impuls zu ihrer Erneuerung ging von einem Kommentar zum Römerbrief aus, den ein Schweizer Dorfpfarrer zwischen 1916 und 1918 in intensivem Ringen um das heutige Verständnis des Paulustextes erarbeitet hatte und der dann 1922 in seiner zweiten Auflage einen lang anhaltenden Umbruch und Neuanfang in der evangelischen Theologie einleitete. Karl Barth – jener Dorfpfarrer und dann bedeutendster evangelischer Theologe des 20. Jahrhunderts – sprach damals gerne von der „paulinisch-reformatorischen Theologie", die es neu zu entdecken gelte. Anders als die Fachkollegen, die vor allem den historischen Abstand zu Paulus hervorhoben, sah er in Paulus den maßgeblichen theologischen Gesprächspartner für die Deutung der Gegenwart des frühen 20. Jahrhunderts: „Unsere Fragen sind, wenn wir uns selber recht verstehen, die Fragen des Paulus, und des Paulus Antworten müssen, wenn ihr Licht uns leuchtet, unsere Antworten sein."[2]

Wie kam und wie kommt es zu dieser evangelischen Leidenschaft für Paulus? Es liegt nahe, ohne Umschweife die Botschaft von der Rechtfertigung des Sünders allein aus Glauben geltend zu machen, für die sich die evangelische Theologie und Kirche vor allem auf den Galater- und den Römerbrief berufen. Diese Auskunft ist sogar richtig. Aber sie ist in einer gewissen Weise schon zu richtig, um das Phänomen evangelischer Paulusliebe, der übrigens auch eine trotz ihrer Verbreitung oft übersehene evangelische Paulusaversion korrespondiert, genau zu beschreiben. Die Rechtfertigungsbotschaft gründet ja in der Christusverkündigung, in der Erkenntnis von Christi „Einzigkeit und Heilsuniversalität" (um bewusst auf das berühmte Lehrschreiben „Dominus Iesus" vom 6. August 2000 anzuspielen). „Ich hatte beschlossen, bei euch nichts anderes zu wissen außer das eine: Jesus Christus, und zwar den Gekreuzigten", schrieb er an die Gemeinde in Korinth (I Kor 2,2). Im Vergleich mit der überragenden Erkenntnis Jesu Christi, seines Herrn, sei ihm alles wertlos geworden, verdeutlichte er den Philippern (Phil 3,8). Denn er – nur er allein – ist unsere „Gerechtigkeit und Heiligung und Erlösung" (I Kor 1,30). Die Erkenntnis Christi, und das heißt immer zugleich die Erkenntnis dessen, was Christus uns schenkt und was wir ihm zu verdanken haben, ist das zentrale Thema des Apostels, der sich selbst so abhängig von Christus sah, dass er sich gerne als „Sklave dieses Herrn" bezeichnet hat.

Für die reformatorische Pauluperspektive ist diese Einzigkeit Jesu Christi, der sich alles andere unterzuordnen hat – der sich also auch die Kirche unterzuordnen hat! – der zentrale Bezugspunkt ihrer Pauluslektüre. Solus Christus und erst dann (weil auf dem solus Christus gründend und es entfaltend) sola fide, sola gratia und sola scriptura. Paulus verhalf der reformatorischen Theologie zur Zentrierung aller Lebensäußerungen auf das Christusgeschehen, auf das, „was Christum treibet", wie Luther das auf seine Weise auszudrücken pflegte. Das, „was Christum treibet", ist die Verkündigung von Christi Leiden und Auferstehen sowie von der Bedeutung seines Werks für unser aller Leben. Ohne ihn wäre der Mensch gnadenlos verloren, aber mit ihm kommt das Erbarmen Gottes in das Leben – die Errettung aus der Nacht der Sünde und des Todes. Darin stimmen nach Luthers Bibellektüre alle rechtschaffenen biblischen Bücher überein, „daß sie allesamt Christus predigen und treiben"[3]. Und an ihrem Christusbezug müssen auch die biblischen Texte gemessen werden: „Auch ist das der rechte Prüfstein, alle Bücher zu tadeln, wenn man sieht, ob sie Christus treiben oder nicht. Sintemalen alle Schrift Christus zeigt (Römer 3) und Paulus nichts denn Christus wissen will (1. Korinther 2). Was Christum nicht lehrt, das ist nicht apostolisch, wenn's gleich Petrus oder Paulus lehrt; wiederum was Christum predigt, das ist apostolisch, wenn's gleich Judas, Hannas, Pilatus oder Herodes täte."[4] Also auch Paulus ist am Christuskriterium zu messen. Man kann sagen, dass der Apostel dieser Sicht uneingeschränkt zugestimmt hätte.

Das „Christus allein" hat vor allem in Krisenzeiten seine orientierende, den Glauben stärkende Kraft erwiesen. Das ist eine Erfahrung, die alle christlichen Kirchen teilen. In der evangelischen Kirche spielte es während der Auseinandersetzung mit dem Nationalsozialismus eine herausragende Rolle. Die Theologische Erklärung von Barmen, mit der sich die kirchliche Opposition gegen die ideologische Vereinnahmung des Evangeliums durch die Nationalsozialisten verwahrte, ist ein eindrucksvoller Beleg für die Aktualität der an Paulus und in diesem Fall auch an Johannes gewonnenen Einsichten in die tragende Kraft des „Christus allein". Darin heißt es unter Berufung auf I Kor 1,30: „Wie Jesus Christus Gottes Zuspruch der Vergebung aller unserer Sünden ist, so und mit gleichem Ernst ist er auch Gottes kräftiger Anspruch auf unser ganzes Leben; durch ihn widerfährt uns frohe Befreiung aus den gottlosen Bindungen dieser Welt zu freiem, dankbarem Dienst an seinen Geschöpfen."[5] Das schloss die Auffassung aus, dass es Lebensbereiche gebe, in denen der Mensch nicht mehr Jesus Christus, sondern ganz anderen Herren gehören würde. Das „Christus allein" führte hier zu einer Begrenzung des Herrschaftsanspruchs des totalitären Staats.

2. Gerechtigkeit Gottes – das befreiende Potential eines Genitivs
Vom „Christus allein" blicken wir nun auf die Zuwendung des Heils, die der auf Christus vertrauende Menschen erfahren soll. Dazu rufen wir die Situation in Erinnerung, in der die Pauluslektüre den um Erkenntnis ringenden Martin Luther zu einer alles verändernden Grunderfahrung führte. Sie lautet: Gott behält seine Gerechtigkeit nicht für sich, sondern macht uns zu ihren Teilhabern. Gottes Gerechtigkeit schenkt sich den Menschen. Sie kommt zu uns und macht aus Sündern Gerechte.

Spätestens seit seinem Eintritt in das Kloster wurde Luther von der Frage bewegt, wie er als Mensch vor Gott bestehen kann. Die Ungewissheit, ob Gott ihm wahrhaftig vergibt, hat ihn damals ständig belastet. Je mehr er sich um ein untadeliges, glaubwürdiges Christsein bemühte – und gerade im Kloster schienen dazu ja alle Möglichkeiten gegeben – desto größer wurde ihm die Frage: Kann Gott mir gnädig sein? Luther nahm jede Gelegenheit zur Beichte wahr und suchte das seelsorgerliche Gespräch, aber er kam doch nicht zur Ruhe. Die Ungewissheit, ob er wirklich der Gnade Gottes teilhaftig sei, war in Luther so stark, dass er die sündenvergebende Vollmacht des Bußsakraments bezweifelte.

In der Vorrede zur lateinischen Gesamtausgabe seiner Werke aus dem Jahr 1545 erinnert sich Luther jener Jahre. Immer wieder habe er über das Wort in Röm 1,17 gegrübelt: „Gottes Gerechtigkeit wird in ihm [dem Evangelium] offenbart"[6]. Der Begriff „Gottes Gerechtigkeit" sei ihm freilich verhasst gewesen, weil er gelehrt worden war, ihn philosophisch zu verstehen, als die sogenannte formale oder aktive Gerechtigkeit, durch die Gott gerecht ist und die Sünder und Ungerechten bestraft. Ja, er habe den Gott gehasst, „der gerecht ist und die Sünder bestraft". Er sei in einer stummen Gotteslästerung und gewaltigem Murren gegen Gott empört gewesen und habe sich gefragt, wie Gott die armen Sünder, die durch die Erbsünde ewig verloren seien, auch noch mit dem Evangelium bestrafen könne. Endlich habe er genauer auf die Verknüpfung der Worte geachtet, nämlich: „Gottes Gerechtigkeit wird in ihm [dem Evangelium] offenbart, wie geschrieben steht: Der Gerechte lebt aus dem Glauben [Hab 2,4]"[7]. Da habe er zu verstehen begonnen, dass Gottes Gerechtigkeit eine Gabe sei, mit der der barmherzige Gott uns durch den Glauben rechtfertigt. Der Gerechte lebt aus dem Glauben: „Jetzt fühlte ich, ich sei ganz und gar neugeboren und durch die offenen Tore ins Paradies selbst eingetreten. Ich ging dann die Schriften [die Heilige Schrift] durch, wie ich sie im Gedächtnis hatte, und beobachtete auch das Entsprechende in anderen Begriffen wie Werk Gottes, d.h. was Gott in uns tut, Kraft Gottes, mit der er uns stark macht, Weisheit Gottes, mit der er uns weise macht, Stärke Gottes, Heil Gottes und Ehre Gottes."[8]

Tatsächlich hängt hier alles am rechten Verständnis des Genitivs. Gottes Gerechtigkeit kann bedeuten: 1. die Gerechtigkeit, die Gott hat und übt, also seine Eigenschaft, in der er gerecht ist, 2. die Gerechtigkeit, die von Gott kommt, indem Gott sie wirkt und herstellt und 3. die Gerechtigkeit, die als menschliche Gerechtigkeit vor Gott gilt. Natürlich kennt Paulus auch die Gerechtigkeit als Eigenschaft Gottes, aber sie fügt sich bei ihm mit den von Luther hervorgehobenen anderen beiden Komponenten zusammen (vgl. bes. Röm 3,26). Zweifellos haben die Texte des Paulus Luther dazu verholfen, die Gerechtigkeit Gottes nicht länger von der philosophischen Gerechtigkeitslehre des Aristoteles her zu deuten, sondern biblisch zu lesen. So nähert sich die Genitivverbindung „Gerechtigkeit Gottes" im Alten Testament regelrecht der Vorstellung von Treue, Bundestreue Gottes an und wird kaum mit der Vorstellung seines strafenden Eingreifens verknüpft. Auf diese Weise ließ „Gerechtigkeit Gottes" weniger an einen strafenden Richter, als vielmehr an die Treue eines Retters denken. Luther: „Mit wieviel Haß ich also bisher das Wort ‚Gerechtigkeit Gottes' gehaßt hatte, mit soviel Liebe rühmte ich nun das mir lieblich gewordene Wort; so ist mir diese Stelle bei Paulus wirklich das Tor zum Paradies geworden."[9] Später habe er dann sogar bei Augustinus eine ähnliche Interpretation gefunden[10], nach der Gottes Gerechtigkeit diejenige sei, „mit der uns Gott bekleidet, während er uns rechtfertigt"[11].

3. Rechtfertigung des Sünders allein aus Glauben
In Röm 3,28 heißt es: „Der Mensch wird durch den Glauben gerecht, ohne Gesetzeswerke" (NT-Wilckens). Luther und ihm folgend die Lutherbibel fügen an dieser Stelle das berühmte Wörtlein „allein" ein und übersetzen diese

Stelle so: „So halten wir nun dafür, dass der Mensch gerecht wird ohne des Gesetzes Werke, allein durch den Glauben". Daran wird gerne kritisiert, dass das eine Eintragung sei und Luther etwas im Text des Paulus gefunden habe, was gar nicht in ihm stehe.

Man sollte sich freilich fragen, ob der Text seinen Sinn ändern würde, wenn das „allein" fehlte. Auch ohne das verstärkende „allein" bleibt es dabei, dass wir durch Gesetzeswerke, also durch die Einhaltung der Gebote Gottes, vor Gott keine Gerechtigkeit erlangen können. Die reformatorische Pauluslektüre ist minutiös dem Gedankengang der Kapitel Röm 1–3 gefolgt, in denen Paulus in großer Eindringlichkeit den Nachweis geführt hat, dass von sich aus kein Mensch – und mag er noch so gut gehandelt haben – vor dem Urteil Gottes bestehen kann. Das Fazit lautet, dass zwischen Juden und Heiden an dieser Stelle kein Unterschied besteht: „Alle haben gesündigt und gehen der Herrlichkeit Gottes verlustig" (Röm 3,23, NT-Wilckens). Sie alle würden verloren gehen, wenn Gott sich nicht über sie erbarmen würde und ihnen nicht um Christi willen vergäbe. Das Evangelium, dessen sich Paulus nicht schämt (Röm 1,17) ist der Ort, an dem Gottes alles verwandelndes Erbarmen mit dem Sünder offenbar wird. So ist das Evangelium in seinem eigentlichen Kern Rechtfertigungsbotschaft: nach Luthers Worten „eine Predigt und Geschrei von der Gnade und Barmherzigkeit Gottes, durch den Herrn Christus mit seinem Tod verdient und erworben"[12] oder mit Johannes Calvins Formulierung die „Offenbarung der in Christus uns dargebotenen Gnade"[13].

Das Evangelium als die „Botschaft von Jesus Christus, dem Heil der Welt"[14] spricht dem zu Gott umkehrenden Menschen vorbehaltlos Vergebung zu, setzt ihn um Christi willen vor Gott ins Recht und holt ihn auf diese Weise in die durch seine Sünde zerstörte Gemeinschaft mit Gott zurück.

Der Mensch kann nach reformatorischer Erkenntnis nur vor Gott bestehen, wenn er sich das gefallen lässt. Er kann sich vor Gott nicht auf seine Bemühungen um Gerechtigkeit versteifen, sondern soll sich die Gerechtigkeit von Gott zusprechen und schenken lassen. Das verwirklicht sich konkret in der Gemeinschaft, in die wir im Glauben mit Christus zusammengefügt werden. In Gal 2,20 spricht Paulus davon, dass ich als Glaubender mit Christus gekreuzigt (und auferstanden) bin, so dass meine Existenz im Glauben nun so beschrieben werden muss: „So lebe nicht mehr ich, sondern in mir lebt Christus" (NT-Wilckens). In diesem Zusammenhang formuliert Luther in seinem Galaterkommentar von 1519: „... [so] geschieht es, daß Christi Gerechtigkeit und die des Christenmenschen ein und dieselbe ist, – in unaussprechlicher Weise mit ihr verbunden. Denn aus Christus sprudelt und springt sie (...) So kommt es denn dahin: wie durch fremde Sünde alle zu Sündern geworden

sind, so werden durch fremde Gerechtigkeit alle zu Gerechten"[15].
Indem Gott uns in seine Gerechtigkeit einbezieht, erweist er seine Gnade. Man kann auch umgekehrt formulieren: Weil Gott gnädig ist, darum spricht er uns Christi Gerechtigkeit zu. Gnade ist nach reformatorischer Pauluslektüre die Grundbestimmung alles dessen, was wir als Gottes Handeln an uns erfahren. Sie ist nicht eine Eigenschaft neben anderen Eigenschaften Gottes, sie ist vielmehr die umgreifende Dimension der Wirklichkeit Gottes. Selbst Gottes Zürnen kann nicht ohne seine alles bestimmende Gnade verstanden werden, umso weniger darf seine Gnade von seiner Gerechtigkeit isoliert werden. Sie ist auch kein zusätzlicher Akt der Barmherzigkeit, mit der Gott den menschlichen Bemühungen um ein gerechtes Leben ein wenig nachhilft. Die Gnade will den Sünder nicht veredeln, sondern eine neue Kreatur (II Kor 5,17) aus ihm schaffen, indem sie ihn aus den Fesseln seiner Selbstgerechtigkeit befreit und zum Teilhaber an Gottes Gerechtigkeit macht.

Ganz entscheidend ist das hier zugrundeliegende Verständnis des Glaubens. Wie Gottes Gerechtigkeit nicht von Gottes Gnade gelöst werden kann, so darf auch der Glaube nicht von den Daseinsäußerungen menschlichen Lebens gelöst werden. Wenn man das reformatorische „sola fide – allein aus Glauben" richtig verstehen möchte, dann muss man den Glauben als ein unser ganzes Menschsein prägendes Geschehen erfassen und darf diesen nicht als einen abstrakten intellektuellen Akt deuten, aufgrund dessen der Mensch bestimmte „Heilstatsachen" akzeptiert. Ist die Gnade die umgreifende Dimension der Wirklichkeit Gottes, so ist der Glaube die umgreifende Dimension der von Gottes Gnade erfassten menschlichen Existenz, in der sich der Mensch als unentschuldbarer Schuldner erfährt und sich Gottes Gerechtigkeit zusprechen lassen kann. Glaube ist die uneingeschränkte Öffnung des Menschen für Gottes Gnade, die Haltung des vorbehaltlosen Annehmens, Ergreifens, Empfangens der Rechtfertigung, ein Raum-Geben für Gottes Gerechtigkeit in unserem Leben. Darum wird der Gerechte aus Glauben leben, während der Selbstgerechte sich im Pochen auf sein Tun vor Gott verschließt und dem Wahn verfällt, er stehe vor Gott besser da als der Sünder neben ihm (vgl. Lk 18,9–14).

Die reformatorische Theologie hat die Berufung auf Werke und Verdienste so hartnäckig in Frage gestellt, weil sie darin den von Paulus immer wieder attackierten Selbstruhm des frommen Menschen wiederzuerkennen meinte. Jeder noch so leise Anflug von Selbstgerechtigkeit muss dazu führen, dass man sich gegenüber der Barmherzigkeit Gottes verschließt und deshalb das Heil verfehlt, das Gott dem Menschen zugedacht hat. Dafür stützten sich die Reformatoren auf Paulus, vor allem auf den Galater- und den Römerbrief.

Sein Menschenbild und die damit verbundene radikale Sicht der Gefangenschaft in der Sünde und des Angewiesenseins auf Gottes Gnade, seine Deutung des Kreuzes Christi, seine Auffassung von der Christusbestimmtheit des Glaubens, seine Hoffnungs- und Erwählungslehre haben nachhaltig auf das Profil der evangelischen Theologie eingewirkt, so dass sich das Profil dieser Theologie auf weiten Strecken als ein paulinisches Profil charakterisieren lässt.

4. Das neue Sein des gerechtfertigten Christen oder die Heiligung
An dieser Paulusauslegung haben sich nicht selten die Geister geschieden. Die vielgestellte Frage lautet, ob es hier dem Menschen nicht zu leicht gemacht wird. Reicht es wirklich aus, sich allein im Glauben (sola fide) allein auf Gottes Gnade (sola gratia) zu verlassen? Wird dabei nicht übergangen, dass Gottes Gebote uneingeschränkt in Geltung stehen und Gott uns einmal fragen wird, ob und wie wir im Sinne dieser Gebote gelebt haben?

In der Tat darf der Zusammenhang zwischen der Rechtfertigung des in seiner Selbstfixierung der Verlorenheit preisgegebenen Menschen und der Durchdringung und Umgestaltung der menschlichen Existenz durch Gottes schöpferische Liebe nicht zerrissen werden. Beides gehört untrennbar zusammen. Paulus hat mit großer Eindringlichkeit von der neuen Existenz des Christen gesprochen, in der das Alte vergangen und das Neue entstanden ist (vgl. II Kor 5,17). Für ihn ist die Rechtfertigung des Sünders ein zutiefst schöpferischer Vorgang, der den Menschen in einen Zustand versetzt, in dem er von der Sünde nicht mehr beherrscht wird (vgl. etwa Röm 6,12ff.; Röm 8). Ähnlich hat Luther immer wieder auf die guten Werke des Christenmenschen Bezug genommen, die gerade deshalb gut sind, weil sie nicht zwanghaft, sondern frei, spontan und gerne getan werden. Er hat den gerechtfertigten Menschen als einen Liebenden beschrieben, der nicht nach Gebot und Gesetz fragen muss, sondern aus freien Stücken das Richtige tut. Von diesem Menschen sage Paulus in I Tim 1,9: „Dem Gerechten – das ist, dem, der glaubt – ist kein Gesetz gegeben', sondern diese tun freiwillig, was sie wissen und können; und sie tun es alles in der festen Zuversicht, daß in allem, was sie tun, Gottes Huld über ihnen schwebt und er Wohlgefallen daran hat."[16]

Die Proklamation des Evangeliums wird dann zur Proklamation der „billigen Gnade", die alles entschuldigt und verharmlost, wenn man nicht sieht, dass durch das Geschenk der Rechtfertigung am Menschen etwas gewirkt wird, was ihn verändert. „Gnade als Schleuderware, verschleuderte Vergebung, verschleuderter Trost, verschleudertes Sakrament"[17]: Das hat Dietrich Bonhoeffer nicht ohne stichhaltige Gründe als ein Grundübel protestantischer

Kirchlichkeit angegriffen. Ebenso würde alles falsch, wenn wir das Zweite, die Verwandlung der menschlichen Existenz im Glauben, ohne das Erste, den Freispruch von der schuldbelasteten Existenz zum Thema machten. Dann müsste alles unweigerlich eng und gesetzlich werden. Zwischen der Rechtfertigung des Menschen „allein aus Glauben" und der Neubestimmung seines Lebens „allein aus Glauben" besteht ein äußerst inniger Zusammenhang, der nur als solcher sachgemäß zu erfassen ist

Rechtfertigung bedeutet nicht, dass wir irgendwie dem Anspruch der Gebote Gottes enthoben wären. Vielmehr will sie uns jenen Boden unter die Füße rücken, auf dem dieser Anspruch tatsächlich von uns gelebt werden kann, ohne dass er als ein fremdes Gesetz des Handelns, ein äußerer Zwang empfunden werden muss. Anders gesagt: Der schwankende Untergrund, auf dem man nicht glauben, nicht hoffen, nicht lieben kann, wird einem unter den Füßen weggezogen; man fasst Grund, um tatsächlich glauben, lieben und hoffen zu können.

Das neue Sein des in Christus gegründeten Menschen hat die theologische und kirchliche Tradition vor allem mit dem Begriff der sanctificatio, der Heiligung auszusagen versucht. Auch dieser Begriff ist von Paulus her vorgeprägt. Man darf freilich nicht übersehen, dass auch die Heiligung ein Geschehen ist, dessen entscheidender Akteur ebenfalls der uns rechtfertigende Gott ist, der den Menschen heiligt und durch den der Mensch geheiligt wird. Christus ist uns „zur Gerechtigkeit, Heiligung und Erlösung" geworden, heißt es bei Paulus (I Kor 1,30; vgl. I Kor 6,11; auch Joh 17,19). Die Selbstheiligung ist nicht weniger problematisch als die Selbstrechtfertigung. Die wirklichen Heiligen haben ihre besondere Würde gerade übersehen – und genau das machte sie groß. Man darf nicht vergessen, dass „heilig" ein Gottesattribut ist, mit der das ganz Andere der Wirklichkeit Gottes festgehalten und eine Grenze bezeichnet wird, die das menschliche Geschöpf zu achten hat und nicht überschreiten kann.

Wenn gleichwohl in der biblischen Überlieferung bestimmte Orte, bestimmte Menschen, die Gemeinde der Christen (I Kor 1,2: „berufene Heilige") – also Geschöpfliches – als „heilig" bezeichnet werden können, dann nur deshalb, weil sie von Gott berührt, auf seine Seite gezogen, in seinen Dienst gestellt wurden. Sie haben das Attribut „heilig" nicht aus sich selbst, sondern nur dadurch, dass sie elementar und unmittelbar von Gott ausgezeichnet und in Anspruch genommen werden. Man kann hier das Wort „heilig" ganz schlicht so umschreiben: gezeichnet, bestimmt, geprägt vom Geheimnis Gottes in einer von der Geschöpflichkeit als solcher zu unterscheidenden Weise, gemacht zum Zeichen für Gott, berufen, ja ausgesondert für einen Dienst, durch den sich Gott im Geheiligten mitteilen und verschenken will. Es kommt nun an den Tag, dass ein Seiendes zu Gott gehört. Im Blick auf den Menschen gesagt: Es wird nun manifest und öffentlich, dass der gerechtfertigte Mensch zu Gott gehört und von ihm geliebt, befreit und beansprucht wird. Gott hat in Christus durch seinen Geist gewissermaßen seine Hand über ihn und auf ihn gelegt und will durch ihn im Sinne seines versöhnenden und erlösenden Handelns wirken. Würde diese Verbindung zu Gott irgendwie abreißen, so wäre auch der Sinn von „heilig" wieder annulliert. Wer von sich aus „heilig" sein will, kann nur scheinheilig sein.

Gott ist demnach auch das alles bestimmende Subjekt der Heiligung – genauer: Gott in Christus durch die vom gerechtfertigten Menschen Besitz ergreifende Kraft des Heiligen Geistes. Auch die Heiligung ist ein Vorgang, in dem das Entscheidende am Menschen geschieht und gewirkt wird. Aber es wird doch so gewirkt, dass die Aktivität des Menschen, anders als bei der Rechtfertigung, in diesen Vorgang einbezogen wird. Bei der Heiligung ist der Mensch in einem anderen Sinne „dabei" als bei der Rechtfertigung. Gott ist in beiden Fällen das Subjekt des Handelns. Bei der Rechtfertigung zielt sein Handeln darauf, dass sich der Mensch den ihm allein aus Glauben zugesagten Freispruch gefallen lässt und sich ganz und gar darauf verlässt, dass er von Gott geliebt ist. Bei der Heiligung aber zielt Gottes Handeln auf die tätige Antwort des gerechtfertigten Menschen und damit auf ein erkennbares Engagement. Heiligung ist kein Geschehen, das am menschlichen Engagement vorbeiläuft, sondern ein Geschehen, das dieses Engagement gerade einschließt und so regelrecht inspiriert.

Wenn aber Gottes Handeln auf die tätige Antwort des gerechtfertigten Menschen zielt, dann kann sich durchaus die Frage stellen, wo der Hauptakzent zu stehen kommt: auf der Rechtfertigung als dem Weg oder der Heiligung als dem Ziel des Handeln Gottes mit dem von ihm entfremdeten Menschen. Wenn man die Perspektive des auf Gottes Gnade angewiesenen Sünders in den Vordergrund stellt, rückt der Hauptakzent auf die Rechtfertigung. Wenn man das Wunder des grundlosen göttlichen Erbarmens mit dem Sünder angemessen betrachten möchte, wird ebenfalls die Rechtfertigung dominieren. Hier kann man nur mit Paulus ausrufen: „Was hast du, das du nicht empfangen hast?" (I Kor 4,7).

Wenn man sich jedoch auf die Sehnsucht Gottes nach der Gemeinschaft mit dem von ihm abgefallenen Menschen konzentriert, wenn man weiter bedenkt, dass Gott alles dafür einsetzt, dass dieser Mensch in seiner ursprünglichen geschöpflichen Auszeichnung als Glaubender, Liebender und Hoffender erkennbar wird und auch sein ganzes Leben in den weit aufgespannten

Horizont von Glaube, Hoffnung und Liebe gestellt sieht, dann wird man den Hauptton plötzlich bei der Heiligung hören. Dann wird man wiederum mit Paulus ausrufen „Die zu Jesus Christus gehören, haben ihre Selbstsucht mit all ihren Leidenschaften und Begierden ans Kreuz geschlagen. Wenn wir also im Geist leben, so wollen wir uns auch nach dem Geist richten!" (Gal 5,25). Dann wird man auch das Gebot Gottes nicht nur von seiner uns anklagenden, sondern auch von seiner uns erleuchtenden und orientierenden Funktion her zur Geltung zu bringen suchen.

Unter den Reformatoren war es vor allem Johannes Calvin, der seine Pauluslektüre in diese Richtung gelenkt hat. Calvin, dessen 500. Geburtstags wir in diesem Jahr gedenken, war der Auffassung, dass auch Gottes Gesetz seine Verheißung hat und dass diese Verheißung gerade durch das Evangelium in Kraft gesetzt wird, indem sie in Christus ihre Erfüllung findet[18]. In diesem Sinne hat er auch die Aussage des Paulus verstanden, dass wir das Gesetz durch den Glauben nicht außer Kraft setzen, sondern gerade bestätigen (vgl. Röm 3,31)[19].

Calvin hat die Zuordnung von Rechtfertigung und Heiligung nicht ausdrücklich reflektiert, aber er hat sie zum Gliederungsprinzip seiner Lehre von der Zuwendung des Heils erhoben. Den Auftakt bildet ausdrücklich ein Kapitel zum Wirken des Geistes am Glaubenden und damit zur Heiligung[20]. Dann erörterte Calvin den Glaubensbegriff, die Buße und das neue Leben des Christenmenschen. Erst danach wird die Rechtfertigungslehre thematisiert[21]. Dabei steht Calvin voll auf dem Boden der reformatorischen Rechtfertigungslehre. Dass der Mensch nicht das Geringste zu seinem Heil beitragen kann, wird ja bei ihm auch noch durch die konsequent ausgearbeitete Prädestinationslehre untermauert. Aber Calvin schließt ebenso konsequent aus, dass das Christsein im permanenten Zuspruch der rechtfertigenden Gnade bestehen kann, ohne dass sich im Leben des Christen etwas ändert. Die berühmte Frage des angefochtenen Menschen „Wie kriege ich einen gnädigen Gott?" hat sich bei ihm gewissermaßen in die Frage Gottes verwandelt: „Wie komme ich zu einem neuen Menschen?" So fragt Gott, der seinerseits von der Sünde des Menschen angefochten ist. Rechtfertigung und Heiligung sind dann Strategien des Heilshandelns, die Gott wählt, um wieder Gemeinschaft mit dem von ihm entfremdeten, der Sünde verfallenen menschlichen Geschöpf haben zu können.

Hier kommen ökumenische Potentiale zum Vorschein, die noch keineswegs ausgeschöpft sind. Die Pauluslektüre über Konfessionsgrenzen hinweg ist ganz gewiss immer auch ein Dienst an der Einheit der getrennten Christenheit. Gemeinsam Paulus lesen – das verbindet.

Anmerkungen

[1] M. Luther, Vorreden zum Neuen Testament, hg. von W. Wibbeling, 1924, 19 (vgl. WA.DB VII, 1).
[2] K. Barth, Der Römerbrief (Erste Fassung) 1919, hg. von H. Schmidt, Zürich 1985, 3.
[3] Luther, Vorreden, 59 (vgl. WA.DB VII, 385).
[4] Ebd. (Hervorhebungen getilgt).
[5] Die Barmer Theologische Erklärung. Einführung und Dokumentation, hg. von A. Burgsmüller und R. Weth, Neukirchen-Vluyn 1984^2, 35.
[6] Gerhard Sauter (Hg.), Rechtfertigung als Grundbegriff evangelischer Theologie. Eine Textsammlung, München 1989, 33 (vgl. WA 54, 185).
[7] AaO 35 (vgl. WA 54, 186).
[8] Ebd.
[9] Ebd.
[10] Vgl. ebd.
[11] Ebd., vgl. Augustinus, De spiritu et littera IX, 15 (CSEL 60, 167).
[12] WA 12, 259.
[13] J. Calvin, Institutio Christianae religionis II,9,2 (= J. Calvin, Unterricht in der christlichen Religion [1559], übers. u. bearb. von O. Weber, Neukirchen-Vluyn 1985^5, 257, im Text hervorgehoben).
[14] So die für die evangelischen Kirchen in Europa maßgebliche Leuenberger Konkordie von 1973 (Konkordie reformatorischer Kirchen in Europa [Leuenberger Konkordie]. Dreisprachige Ausgabe mit einer Einleitung von F.-O. Scharbau, im Auftrag des Exekutivausschusses für die Leuenberger Lehrgespräche hg. von W. Hüffmeier, Frankfurt/M. 1993, Ziffer 7).
[15] M. Luther, Kommentar zum Galaterbrief 1519, in: Calwer-Luther Ausgabe Bd. 10, 86f. (vgl. WA 2, 491).
[16] M. Luther, Von den guten Werken (1520), in: Ders., Evangelium und Leben. Martin-Luther-Taschenausgabe Bd. 4, hg. von H. Beintker u.a., Berlin 1983, 53 (vgl. WA 6, 213).
[17] D. Bonhoeffer, Nachfolge, hg. von M. Kuske und I. Tödt, München 1994 (= DBW 4), 30, vgl. 30–43 („Die teure Gnade").
[18] Vgl. Calvin, Institutio, III,17 (Unterricht, 529–542).
[19] Vgl. J. Calvin, Der Brief an die Römer, Neukirchen-Vluyn 2005 (= Calvin-Studienausgabe 5.1), 212–215.
[20] Vgl. Calvin, Institutio III,1 (Unterricht, 337–340).
[21] Calvin, Institutio III,11-19.

DIE RECHTFERTIGUNGSLEHRE DES PAULUS IN SOZIOLOGISCH-SOZIALGESCHICHTLICHER PERSPEKTIVE

Martin Ebner, Münster

Eine nicht alltägliche Anzahl von Bischöfen vor Augen, beginne ich mit der Leidensgeschichte eines Bischofs, dem es vielleicht ähnlich ging wie vielen von Ihnen: Er hat Großartiges gesagt – aber niemand wollte auf ihn hören. Dieser Bischof war Exeget. Das ist heute allerdings eine Seltenheit geworden. Und dieser Bischof war Lutheraner: Krister Stendahl, nach seiner Universitätslaufbahn in Harvard Bischof von Stockholm (von 1984–1988). In scharfen Analysen stellte er sich seit den 60er Jahren des vergangenen Jahrhunderts der klassisch-lutherischen Auslegung des Paulus entgegen und behauptete: Paulus ging es mit seiner Rechtfertigungslehre nie um eine introspektive Gewissensschau, um eine Lehre über den Menschen schlechthin, sondern: Seine Rechtfertigungslehre hatte einen begrenzten, aber sehr spezifischen Zweck. Er wollte damit die Rechte der heidnischen Konvertiten im Urchristentum sicherstellen. Klarmachen, dass sie neben den jüdischen Christusgläubigen ganz und wahrhaft Erben der Verheißungen Gottes an Israel seien.

Mit seiner Neubestimmung der Rechtfertigungslehre als Rechtfertigung der Heidenmission des Paulus schrieb und predigte Stendahl aber gegen eine Wand. Erst knapp eine Generation später konnten sich seine Gedanken wirklich Gehör verschaffen. In einem leicht lesbaren Paulusbrevier, in einer Reclam-Ausgabe auch sehr schnell auf Deutsch erschienen, schreibt der amerikanische Exeget Ed Parish Sanders 1991 (englisch) und 1995 (deutsch):

Luther, von Schuld gepeinigt, interpretierte die paulinischen Stellen über die „Gerechtigkeit aus dem Glauben" so, als würde Gott einen Christen für gerecht erachten, selbst wenn er oder sie ein Sünder ist. Luther verstand „Gerechtigkeit" juristisch, als eine Unschuldserklärung, doch auch als fiktiven Status, der Christen „durch bloße Zurechnung" zugeschrieben wird, weil Gott gnädig ist (...) Luthers Betonung des fiktiven, bloß zugerechneten Charakters der Gerechtigkeit ist, wiewohl oft als inkorrekte Interpretation des Paulus erwiesen, einflussreich geworden, weil sie einem weitverbreiteten Gefühl der Sündhaftigkeit entspricht und mit ihrem individualistischen und introspektiven Akzent ein wesentliches Element des abendländischen Persönlichkeitsbegriffs bildet. Luther suchte und fand Entlastung von Schuld. Doch seine Probleme waren nicht die des Paulus – und wir lesen Paulus falsch, wenn wir ihn durch Luthers Augen sehen (64f.).

Und es war der angelsächsische Gelehrte James D. G. Dunn, der mit einem programmatischen Vortrag dieser neuen-alten Paulusinterpretation den Namen gegeben hat, unter dem sie heute kursiert: The New Perspective on Paul – die neue Paulusperspektive.

Worum geht es? Kurzgefasst könnte man sagen: Die neue Paulusperspektive bestimmt den präzisen Inhalt der „Werke des Gesetzes" anders als die klassische Lutherinterpretation. Kämpft Luther mit seinen Gewissensqualen und denkt bei „Werken des Gesetzes" an die Frömmigkeitswerke, welche die mittelalterliche Papstkirche von den Gläubigen für deren Seelenheil verlangt, und an die Verdienste, die man für sich und seine Verstorbenen erwerben sollte, um den Himmel zu erlangen, so setzt Paulus gemäß der neuen Paulusperspektive „Werke des Gesetzes" als Kampfbegriff ein, um damit speziell die Abgrenzungsgesetze des Judentums, Beschneidung und Speisegebote, zu kennzeichnen, also diejenigen Gebote, mit denen Juden die Besonderheit ihrer Erwählung durch Gott nach außen zur Schau tragen. Michael Bachmann, ein Vorreiter der neuen Paulusperspektive unter den deutschen Exegeten, spitzt die Sachlage sogar noch zu: Mit dem Ausdruck „Werke des Gesetzes" wolle Paulus überhaupt keine Taten kennzeichnen, schon gar keine „guten Werke", sondern meine speziell Vorschriften des Gesetzes, also Reglements, bei denen es zunächst darauf ankommt, ob man sie akzeptiert oder nicht. In den Paulusbriefen ginge es also um Reglements, auf deren Einhaltung Judenchristen bestehen, sofern sie Heidenchristen als gleichwertige Partner im Gottesvolk anerkennen sollen.

In Stichworte gepackt: Lutherische Paulusinterpretation ist individuell-anthropologisch ausgerichtet. Sie interpretiert Paulustexte als universal gültige Aussagen über den Menschen schlechthin – im Blick auf sein Heil vor Gott. Er kann es sich nicht durch „Werke", durch menschliche Frömmigkeitsleistung verdienen. Die neue Paulusperspektive liest Paulus ethnisch-soziologisch und versteht seine Argumentation funktional: Im Rückblick will er seine beschneidungsfreie Heidenmission rechtfertigen und behauptet im Streit mit seinen Gegnern, für Heiden seien Beschneidung und Speisegesetze nicht notwendig, um in Gottes Bund aufgenommen zu werden. Wer (an Gottes Handeln in Christus) glaubt, steht gleichwertig vor Gott, ob beschnittener Jude oder unbeschnittener Heide.

Um es gleich zu sagen: Mir geht es hier überhaupt nicht um richtig oder falsch. Sondern darum, welche Akzente durch welche Auslegung erfasst werden – und darum, offenzulegen, wie die neue Paulusperspektive auf diese Sichtweise kommt und wo die möglichen Anknüpfungspunkte für heute liegen. Und: Ich will klar benennen, worin für mich das Interesse an dieser Lesart der Rechtfertigungslehre besteht.

Also: Wie kommt die neue Paulusperspektive zu ihrer Sichtweise? Es ist in erster Linie die Beachtung des Kontextes, die dazu führt: die Beachtung des (1) literarischen Kontextes, (2) des sozialgeschichtlichen Kontextes und (3) des situativen Kontextes. In diesen Schritten gehen wir vor.

1. Der literarische Kontext: ein Konkurrenzverhältnis
Nicht in allen Briefen des Paulus wird die Rechtfertigungstheologie thematisiert, z. B. nicht in den beiden Korintherbriefen. Die Rechtfertigungstheologie erscheint nur in denjenigen Briefen, in denen Paulus sich mit Angriffen auf die beschneidungsfreie Heidenmission bzw. deren Infragestellung auseinandersetzt. So im Galaterbrief. Paulus beschwört die Galater, die als Heiden den christlichen Glauben angenommen haben – natürlich ohne beschnitten worden zu sein: Sie sollen sich ja nicht von den Missionaren betören lassen, die ihnen in einer Art Nachmission einreden, ja sie „zwingen" wollen (6,12), sich zur Vollendung ihres Glaubensweges auch noch beschneiden zu lassen. Bloß nicht, schreibt Paulus, denn „nicht auf Grund von Werken des Gesetzes wird der Mensch gerechtfertigt ..." (2,16).

Ähnlich im Philipperbrief, wo Paulus geradezu ausfällig wird gegen andere Missionare, die er als „Hunde" beschimpft und sie „Verschnittene" nennt (3,2). Er selbst könnte mit seiner Beschneidung angeben, mit seiner biologischen Herkunft aus Israel; mit seinem untadeligen Verhalten gegenüber der „Gerechtigkeit aus dem Gesetz" – sogar die (christliche) Gemeinde Gottes hat er deshalb verfolgt! Im Rückblick, nachdem er Christus gewonnen hat, sieht er das alles ganz anders. „Ich suche", schreibt er, „nicht meine eigene Gerechtigkeit, die aus dem Gesetz, sondern die durch Glauben an Christus, die Gerechtigkeit, die von Gott kommt" (3,9).

Und natürlich wird die Rechtfertigungslehre im Römerbrief thematisiert, wo die Rechtfertigung des Sünders im Kontext des Verhältnisses von Israel und Christusgläubigen steht – und der konkrete Anlass des Schreibens die bevorstehende Reise des Paulus nach Jerusalem ist. Er will die Kollekte der heidenchristlichen Gemeinden den judenchristlichen Brüdern in Jerusalem überbringen; die Kollekte, die auf dem Apostelkonvent als Zeichen dafür vereinbart wurde, dass die Christusgläubigen, die als Heiden nicht beschnitten sind, gleichberechtigt neben christusgläubigen Juden stehen, die beschnitten sind und ihre Kinder weiterhin beschneiden (vgl. Gal 2,7–10). Paulus hat Angst vor dieser Begegnung mit den beschnittenen christusgläubigen Brüdern. Werden sie das symbolische Zeichen der Gleichwertigkeit anerkennen – oder es (unter dem Druck des offiziellen Judentums) ablehnen; Paulus zum Verräter am Judentum stempeln, der mit seiner beschneidungsfreien Heidenmission heilige Grenzen verwischt hat? Paulus bittet die römische Gemeinde deshalb um ihr Gebet (Röm 15,30–32).

Wenn nun die Rechtfertigungstheologie nur in denjenigen Briefen thematisiert wird, in denen es um die Gleichrangigkeit unbeschnittener, aber christusgläubiger Heiden mit beschnittenen, aber ebenfalls christusgläubigen Juden geht, bzw. um die emphatische Ablehnung der Beschneidungsforderung für unbeschnittene christusgläubige Heiden, dann – so die neue Paulusperspektive – hat die Rechtfertigungslehre im tiefsten Kern etwas mit diesem Konkurrenzverhältnis zu tun, mit der Akzeptanz einer Gruppe, die zwar den gemeinsamen Glauben an den einen Gott teilt (und an seinen Sohn, den er in diese Welt geschickt hat), aber nicht alle Punkte erfüllt, die für die andere Seite entscheidend dazugehören – und für sie sogar das Wesentliche ihrer religiösen Identität ausmachen.

Dieser Konkurrenzkontext ist auch in der Text-Miniatur zu beobachten. Liest man Röm 3,28 isoliert, findet man die Bausteine der klassischen lutherischen Rechtfertigungslehre:

Denn wir sind der Überzeugung, dass der Mensch nur durch Glauben gerecht wird, unabhängig von Werken des Gesetzes (Röm 3,28).

Liest man jedoch weiter, kommt jenes Konkurrenzverhältnis (zwischen beschnittenen Juden und unbeschnittenen Heiden) zur Sprache, von dem die Rede war – sozusagen als Anwendung der Rechtfertigungs-Antithese:

Ist denn Gott nur der Gott der Juden – nicht auch der Heiden? Ja, auch der Heiden. Denn es gibt nur einen Gott; er wird auf Grund des Glaubens sowohl die Beschnittenen wie die Unbeschnittenen gerecht machen (Röm 3,29f.).

Die vertikal ausgerichtete Theologie hat horizontal mit der gegenseitigen Anerkennung von Gruppen mit unterschiedlicher ritueller Praxis zu tun.

2. Der sozialgeschichtliche Kontext: boundary markers

Der jüdische Eingottglauben ist etwas, was man im Alltag sieht. Nicht nur der jüdische Gott ist anders als alle anderen Götter, sondern auch sein Volk als sein Eigentumsvolk grenzt sich von allen Völkern ab, um diesen Glauben und diese besondere Erwählung sozusagen im Alltag sichtbar zu machen. Im Aristeasbrief heißt es:

„Da nun der Gesetzgeber (…) alles klar erkannte, umgab er uns mit undurchdringlichen Palisaden und eisernen Mauern, damit wir uns mit keinem anderen Volk irgendwie vermischen, sondern rein an Leib und Seele bleiben (...) Damit wir nun nicht besudelt und durch schlechten Umgang verdorben werden, umgab er uns von allen Seiten mit Reinheitsgeboten in Bezug auf Speisen und Getränke und Berühren, Hören und Sehen (...)" (Arist 139.142).

Von außen wurde das auch wahrgenommen. Der römische Historiker Tacitus charakterisiert Juden folgendermaßen: separati epulis (sie separieren sich beim Essen), discreti cubilibus (sie sind diskret, was die Schlafstätten angeht; d. h. sie schlafen nur mit jüdischen Frauen) und: circumcidere genitalia (sie praktizieren die Beschneidung). Und Tacitus fügt ausdrücklich hinzu: „ut diversitate noscantur (damit sie durch den Unterschied erkannt werden)" (vgl. Tac., Hist V 5,2). Der antike Historiker hat im Grunde das wahrgenommen, was die neue Paulusperspektive mit einem soziologischen Begriff „boundary markers" nennt, die Kennzeichen, durch die sich eine Gruppe bewusst von anderen abgrenzen will.

Umgekehrt: Immer, wenn Gemeinmachungstendenzen im Judentum auftauchen, also der Slogan: „Wir wollen sein wie alle anderen", dann gibt es Leute mit heiligem Eifer. Analog zum eifersüchtigen Gott, der keinen anderen Gott neben sich gelten lässt, kämpfen sie für die Abgrenzungskennzeichen der Juden, damit sie sich mit keinem anderen Volk vermischen.

Das ist so bei Pinhas, der einen eigenen Glaubensbruder umbringt, weil er eine Midianiterin ins Lager gebracht hat und sie mit in sein Zelt nimmt (vgl. Num 25,1-9). Das ist so bei den Makkabäern, die gegen die Reformer am Tempel militärisch vorgehen, weil sie die jüdischen Abgrenzungsgebote angetastet haben – und als erste Maßnahme ihre Beschneidung operativ haben rückgängig machen lassen. In 1 Makk 1,15 heißt es:

„Sie ließen bei sich die Beschneidung rückgängig machen. So fielen sie vom heiligen Bund ab und vermischten sich mit den fremden Völkern ..."

Auch Paulus weiß sich vom heiligen Eifer getrieben, als er „die Gemeinde Gottes" verfolgt. Gemeint sind natürlich diejenigen Jesusgläubigen, die Heiden ohne Beschneidung, allein durch die Taufe ins Gottesvolk, in die Gemeinde Gottes, aufgenommen haben. Paulus erzählt von sich:

Ihr habt nämlich von meinem Lebenswandel einst im Judaismus gehört, dass ich im Übermaß die Gemeinde Gottes verfolgt habe und sie zu ruinieren versuchte, und Fortschritte machte im Judaismus über viele Altersgenossen in meinem Volk hinaus, wobei ich mich im Übermaß als Eiferer für die väterlichen Überlieferungen verhielt (Gal 1,13f.).

Das erzählt Paulus in seinem Brief den Galatern, als Gegnermissionare von ihnen die Beschneidung fordern. Und er sagt ihnen damit: Ich war auch einmal so – wie meine Gegner. Ich habe das gleiche Ziel verfolgt: die Aufrechterhaltung der Beschneidung als Identitätsmerkmal Israels – nur noch viel eifriger als sie. Aber dann hat mich Gott gepackt, hat mir „seinen Sohn offenbart" – und mich zum Missionar für die Heiden berufen (vgl. Gal 1,15f.); hat mir gezeigt, dass in Christus sein Weg mit den Menschen ein neuer Weg ist. Das verkündige ich euch und allen als „Evangelium" (vgl. Gal 1,6–9); seinen neuen Weg, den er im Kreuzestod und der Auferweckung des Christus gezeigt hat: Es kommt nicht auf die Grenzlinien des Gesetzes an – dann wäre Christus selbst ein Verfluchter (vgl. Gal 3,13); nein, es kommt auf das innerste Pünktlein an: den Glauben.

Wer wie Abraham an die Verheißungen Gottes glaubt, dem wird das als „Gerechtigkeit" angerechnet. Und das hat nichts mit moralischer Gerechtigkeit zu tun, sondern mit einem gegenseitigen Verhältnis: Gott steht zu Abraham, er beschützt ihn, lässt durch ihn Segen in die Welt kommen. Alles, was Abraham „tun" muss – ist: an diese Verheißung Gottes zu glauben. Dann gehört er zu Gottes Eigentumsvolk!

Und, liebe Galater, fragt Paulus, ist das nicht auch bei euch so? Schon längst? Seitdem ich euch „das Evangelium" verkündigt habe? Spürt ihr nicht, wie Gottes Geist unter euch wirkt? Dass ihr von Gott beschenkt seid? Was also braucht ihr noch die Beschneidung. Ihr seid doch auf dem Weg Abrahams! Ihr zieht – wie Abraham – im großen Gottesvolk längst mit.

Ich habe den Galaterbrief jetzt ein wenig paraphrasiert. Abstrakter hätte ich sagen können: Zu den wesentlichen Einsichten der neuen Paulusperspektive gehört:

(1) „Gerechtigkeit Gottes" ist ein Verhältnisbegriff, nicht eine Eigenschaft Gottes, nicht eine juristische Größe, sondern Ausdruck des Handelns Gottes, seine Hilfe, sein Eintreten für die Menschen. Dem entspricht die Glaubensgerechtigkeit, sozusagen die Antwort des Menschen, durch die er sich auf diesen Weg einlässt.

(2) Das (antike) Judentum ist keine Leistungsreligion. Das Judentum musste sich „seinen" Gott nicht verdienen. Ganz im Gegenteil: Der Bund ist geschenkt. Er bleibt. Gottes Gerechtigkeit (im Sinn seiner Bundestreue) wird immer wieder angeboten. Insofern ist das Judentum entschieden anders als die mittelalterliche Papstkirche, die den Menschen Angst um das Seelenheil macht (und die Luther beim Lesen der Paulustexte vor Augen hat). Das Problem des Judentums (in paulinischer Sicht) liegt an einer anderen Stelle: Es will nach außen zeigen, dass es einen solch tollen Gott hat, eben durch

die boundary markers. Und es gibt zu allen Zeiten Eiferer, die für diese aktive Demonstration des exklusiven Gottesbundes kämpfen; die nicht zulassen wollen, dass andere Glaubensbrüder es mit diesen Außen-Wahrnehmungszeichen nicht so ernst nehmen.

Von diesem „Eifer" wird Paulus in seiner Berufung „bekehrt". Sein Offenbarungserlebnis besteht darin, dass er von Gott auf die andere Seite geschickt wird: zu den Heiden; und dass ihm aufgeht: Es kommt auf den identity marker an, „das Evangelium von seinem Sohn". Kurz: im Abrahamsweg das uralte Paradigma für die Gottesbeziehung zu erkennen.

3. Der situative Kontext: der Streit um die Speisegebote in Antiochia
Die berühmte Antithese „nicht durch Werke des Gesetzes, sondern durch Glauben an Christus wird gerechtfertigt der Mensch" – chronologisch gesehen ist sie zum ersten Mal im Galaterbrief zu finden (Gal 2,16). Und sie hat einen ganz spezifischen situativen Kontext: die Erzählung vom sogenannten Antiochenischen Zwischenfall, bei dem es um Streitigkeiten hinsichtlich der jüdischen Speisegebote geht. Und im Galaterbrief erweckt Paulus den Anschein, als hätte er diese Antithese genau in jener Streitsituation zum allerersten Mal formuliert. Aber zunächst zur Situation. Paulus schreibt:

> „Als aber Kefas (= Ehrenname für Petrus) nach Antiochia kam, ins Angesicht widerstand ich ihm, weil er verurteilt war. Bevor nämlich kamen einige Leute von Jakobus, (pflegte er) gemeinsam mit den Heiden zu essen. Nachdem sie aber gekommen waren, machte er einen Rückzieher und sonderte sich selbst ab, weil er die aus der Beschneidung fürchtete. Und es heuchelten zusammen mit ihm auch die übrigen Juden, so dass sogar Barnabas mitfortgerissen wurde (mit) ihnen durch die Heuchelei. Aber als ich sah, dass sie nicht auf geraden Wegen gingen zu der Wahrheit des Evangeliums, sagte ich dem Kefas im Angesicht von allen: Wenn du als Jude auf heidnische Weise und nicht auf jüdische Weise lebst, wie zwingst du (dann) die Heiden zu judaisieren (Gal 2,11–14)?"

Zunächst die Ereignisabfolge: Petrus kommt als Missionar nach Antiochia. Gemäß den Vereinbarungen des Apostelkonvents ist er (nur) für die Judenchristen zuständig (vgl. Gal 2,7f.). Aber in Antiochia speist er auch in heidnischen Häusern, bei Christen, die nicht beschnitten sind und die jüdischen Speisegebote nicht halten. Vermutlich ist beim „gemeinsamen Essen" der Christusgläubigen an das Herrenmahl gedacht. So ist es Praxis in Antiochia. Gemeinsamer Tisch der beschnittenen und unbeschnittenen Christusgläubi-

gen. Und so wird es auch Petrus zur Gepflogenheit (...) Bis dann einige der Leute des Jakobus aus Jerusalem kommen.
Plötzlich zieht er sich zurück. Petrus fungiert als Leitfigur. Auch alle anderen Judenchristen ziehen sich zurück. Plötzlich herrscht Separation. Beschnittene Judenchristen essen gemeinsam nur mit beschnittenen Judenchristen – gemäß jüdischen Speiseregeln. Unbeschnittene Heidenchristen – essen für sich. Und nun das Auffällige: Paulus kritisiert Petrus nicht wegen seines Rückzugs, sondern wegen des „Zwangs", den er den Heidenchristen auferlegen will: „Wenn du als Jude auf heidnische Weise und nicht auf jüdische Weise lebst, wie zwingst du (dann) die Heiden zu judaisieren?"

Mit anderen Worten gesagt: Paulus wirft Petrus vor: Du bist inkonsequent! Du hast doch selbst in heidnischen Häusern Mahl gehalten; hast gegessen, was dort auf den Tisch kam; hast als Jude auf heidnische Weise gelebt. Warum willst du jetzt auf einmal die Heiden(christen) zwingen, jüdische Regeln zu befolgen, auf jüdische Weise zu leben, um mit ihnen gemeinsam essen zu können? Du widerlegst dich durch dein eigenes Verhalten!

Wir wissen nicht, worin präzise der Inhalt des „Zwangs zum Judaisieren" bestanden hat. Leider führt Paulus das nicht explizit aus. Auf jeden Fall hatte es mit Abgrenzungsgeboten zu tun, die den Heidenchristen auferlegt werden sollten – als Vorbedingung für die Fortsetzung des Miteinander-Essens. Im Minimalfall ging es darum, dass die Heidenchristen auf bestimmte Grundregeln jüdischer Esspraxis Rücksicht nehmen sollten (z. B. sich des Bluts zu enthalten), im Maximalfall um Beschneidung. Das könnte durch den Begriff „zwingen" assoziiert werden – gerade im Galaterbrief, wo ja davon die Rede ist, dass die anderen Missionare die Galater zur Beschneidung „zwingen" wollen. Petrus hätte dann, um den gemeinsamen Tisch zu retten, verlangt: Liebe Heidenchristen, lasst euch beschneiden und haltet die jüdischen Speisegebote, dann können wir (wieder) mit euch zusammen essen und ihr mit uns (und wir können zusammen Herrenmahl feiern).

Dagegen verwehrt sich Paulus aufs Schärfste. Das ist für ihn Verrat am Evangelium: anderen Christusgläubigen Sonderauflagen zu machen. Die eigene religiöse (Sonder)Praxis als Maß für eine andere, kulturell anders sozialisierte Gruppe zu erheben.

Das pragmatische Ziel des Paulus ist es, den bereits erreichten Status quo zu erhalten: die Tischgemeinschaft zwischen Juden- und Heidenchristen, ohne dass die eine Seite der anderen Sonderauflagen vorschreiben möchte.

Genau in diesem Streitkontext um die Konditionen der Tischgemeinschaft zwischen Juden- und Heidenchristen will Paulus die berühmte Rechtfertigungs-Antithese zum ersten Mal als Argument eingesetzt haben. Gemäß Gal

2,16 habe er in dieser Situation zu Petrus gesagt:

> „(...) Aber weil wir wissen, dass nicht gerechtfertigt wird (ein) Mensch aus Werken (des) Gesetzes, wenn nicht durch Glauben an Jesus Christus, sind auch wir zum Glauben an Christus Jesus gelangt – damit wir gerechtfertigt werden aus Glauben an Christus und nicht aus Werken (des) Gesetzes, weil aus Werken (des) Gesetzes nicht gerechtfertigt werden wird jegliches Fleisch (Gal 2,16)."

Wenn wir die abstrakte Begrifflichkeit „Werke des Gesetzes" und „Glaube an Christus" vom unmittelbaren situativen Kontext her verstehen, dann ergeben sich sehr konkrete Bezüge: Was Petrus einfordert, die Tischgemeinschaft an Sonderauflagen zu koppeln, das entspricht der Gerechtigkeit aus „Werken des Gesetzes", eben dem „Zwang zum Judaisieren", dem Zwang der einen Seite, von der anderen genau das zu verlangen, was sie selbst als das Entscheidende für die Zur-Schau-Stellung ihres Gottesverhältnisses betrachtet. Das aber heißt, das Treueverhältnis Gottes an „Werke des Gesetzes" binden. Die Konsequenzen, die sich auf der sozialen Ebene ergeben, lauten (aus der Sicht der Jerusalemer Judenchristen formuliert): Unsere Gottesgemeinschaft beim gemeinsamen Mahl praktizieren wir nur mit Leuten, die unsere Reglements anerkennen.

Wofür Paulus kämpft, den gemeinsamen Tisch zwischen Juden- und Heidenchristen – ohne dass die eine Seite der anderen Sonderauflagen macht, das entspricht der „Gerechtigkeit aus Glauben". Auf der theologischen Ebene ist das für ihn das Kriterium dafür, ins Treueverhältnis Gottes eingebunden zu sein – à la Abraham. Und das hat Konsequenzen auf der sozialen Ebene. Die Gottesgemeinschaft beim Mahl darf ich mit allen feiern, die dieses Kriterium erfüllen: Glauben an Gottes Handeln in Christus. Das Eingebundensein in das Treueverhältnis Gottes („gerechtfertigt werden") von bestimmten überprüfbaren Reglements abhängig machen, hieße dagegen für Paulus: auf „Werke des Gesetzes" setzen – und nicht auf Glauben.

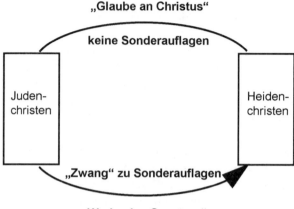

Ich habe einen Satz aus der Argumentation ausgelassen. Bevor Paulus sagt: „Aber weil wir wissen ...", bevor er also seine neue christliche Überzeugung zur Sprache bringt, formuliert er das „alte" Wissen, das ihn vor seiner christlichen Wende geprägt hat: „Wir sind Juden – und nicht Sünder aus Heiden" (Gal 2,15). Dahinter steckt die Überzeugung, dass die soteriologischen Trennlinien klar gezogen sind. Begründet sind sie durch „das Gesetz". Auf der einen Seite stehen die Heiden, die das Gesetz nicht haben (und sich auch nicht daran halten können). Deshalb sind sie Sünder. Auf der anderen Seite stehen die Juden – unausgesprochen als „Gerechte" qualifiziert.

Im Römerbrief führt Paulus dieses Denken ad absurdum. Er schreibt:

„Richtig! Die Heiden, die das Gesetz nicht hatten, haben gesündigt, obwohl sie sogar so etwas wie ein inneres Gesetz als Richtschnur gehabt hätten (Röm 2,14f.)."

Aber auch die Juden, die doch das Gesetz Gottes hatten, haben gesündigt. Beide Gruppen sind Sünder vor Gott. Und für beide Gruppen hat Gott im Kreuzestod Jesu alle Schuld vergeben. Und damit eine neue Heilsordnung aufgerichtet. Man muss nur daran glauben: sich im Glauben von Gott rechtfertigen lassen, im Glauben seine Bundestreue anerkennen. Das gilt für beide Seiten: für Juden wie für Heiden. Das ist der theologische Grund dafür, weshalb Paulus schreiben kann: „Oder ist Gott nur ein Gott der Juden – nicht auch der Heiden ..." (Röm 3,29)?

Bilanzierung

Damit haben wir begonnen. Und damit breche ich meinen Durchgang ab. Natürlich wären noch viele Kleinigkeiten zu berücksichtigen. Und es bleiben Schwierigkeiten. Leider findet sich bei Paulus nie die klare Definition: „Werke des Gesetzes", damit meine ich die boundary markers, die Beschneidung, die Speisegebote usw. Das lässt sich nur über den Kontext erheben. Und: Wer im Galaterbrief über den Antiochenischen Zwischenfall hinaus weiterliest, der merkt schnell: Plötzlich ist nur noch ganz global vom „Gesetz" (als Ganzem) die Rede. Ohne jeglichen speziellen Bezug auf die Abgrenzungsgebote. Nein: Das Gesetz wird als Ganzes in Bausch und Bogen herabgewürdigt: Es ist nicht ewig, nicht von Gott selbst gegeben, es führt nicht zum Leben (vgl. Gal 3,19–25). Das scheint eine grundsätzliche Abrechnung mit „dem Gesetz" zu sein. Es scheint so. Denn wer den Galaterbrief zu Ende liest, wird zu seinem Erstaunen in 5,14 darauf stoßen, dass Paulus hier das „ganze Gesetz" wiederum empfiehlt, allerdings in der Zusammenfassung: „Liebe deinen Nächsten wie dich selbst" (Gal 5,14). Und im Römerbrief verteidigt Paulus sogar die Heiligkeit des Gesetzes (Röm 7,12). Ist Paulus schizophren? Oder hat er im Römerbrief gerade noch die Kurve bekommen? Oder: Sind diese langen theologischen Ausführungen im Galater- und Römerbrief, die sich teils widersprechen, sich teils gegenseitig korrigieren – eben Teile einer Argumentation, in unterschiedlichen Situationen, für unterschiedliche Adressaten; eine Argumentation, die aber an einem spezifischen Sachpunkt ihren Ausgangspunkt nimmt, nämlich der Frage: Sind Beschneidung, Speisegebote und andere Abgrenzungsforderungen auch für Heiden verpflichtend und Voraussetzung dafür, dass sie als vollwertig und gleichrangig anerkannt werden (soziologisch) – und ihr Heil behauptet werden darf (theologisch)?

Anders gesagt – und das ist das erste Interesse meines Plädoyers für die neue Paulusperspektive: Können wir uns für Paulus vorstellen, dass er einfach auch „taktisch" argumentiert? Dass seine Argumentationen nicht immer und überall als „ewige Wahrheit über den Menschen" auszuschlachten sind, sondern Teile seiner Verteidigung einer Gruppe von Gläubigen sind, die bestimmte Eigenheiten jüdisch sozialisierter Menschen nicht mitmacht, weil das ihrer kulturellen Sozialisation einfach nicht entspricht. Andererseits: Den Ewigkeitswert von theologischer Argumentation ein wenig herunterhängen, hieße gleichzeitig: Fest davon überzeugt sein, dass Theologie auch etwas bewirken kann; dass im Sinn der paulinischen Rechtfertigungslehre Theologie treiben heißt: sich gegen die Ausgrenzung einer bestimmten religiösen Geschwistergruppe zu engagieren, durch theologische Argumentation etwas verändern zu wollen bzw. nachträglich etwas zu begründen, was ursprünglich vielleicht ein eher experimenteller Schritt war; im Fall des Paulus die Heidenmission ohne Beschneidungsforderung.

Insofern war auch Luthers Paulusinterpretation sicher eine Kampftheologie. Dass sie Gewaltiges bewirkt und verändert hat, steht außer Frage. Ob sie ewig Gültiges und zu allen Zeiten Bewegendes über den Menschen schlechthin sagt, steht auf einem anderen Blatt.

Und ein zweites Interesse: Rechtfertigungstheologie als Rechtfertigung der Heidenmission und Kampf für die Gleichwertigkeit einer religiös als minderwertig eingestuften Gruppe gelesen, die zwar das Gleiche glaubt, aber nicht in allen Punkten die gleiche Praxis an den Tag legt, dafür gibt es Alltagsanalogien in der heutigen kirchlichen Situation, insbesondere in der ökumenischen Landschaft. Wenn da eine Seite unter den Christen aufsteht und behauptet: Nur wir sind Kirche im eigentlichen Sinn. Und ihr könntet Kirche sein, wenn ihr die apostolische Sukzession anerkennen würdet, wenn ihr Priester weihen würdet ... dann könnten wir vielleicht auch mit euch zusammen Herrenmahl feiern – dann ähnelt das verblüffend genau der Haltung, die Paulus mit dem Kampfbegriff „Werke des Gesetzes" bekämpft.

Bei aller Hochachtung vor den anthropologischen Aussagen der lutherischen Interpretation meine ich deshalb: Gerade die Einbeziehung des soziologischen Kontextes der Rechtfertigungstheologie könnte Schlaglichter werfen auf den Konkurrenzkampf unter den vielen christlichen Gruppen – und die gleiche Frage aufwerfen, um die Paulus in seiner Lebenswende gerungen hat: Sind die boundary markers an den Grenzen entscheidend oder das innerste Pünktlein des Glaubens an den Gott, der in Christus Verheißungen schenkt?

Mit seinen missionarischen Aktivitäten und seiner Rechtfertigungslehre hat Paulus eine eindeutige Antwort gegeben.

Literaturhinweise
K. Stendahl, Paulus och Samvetet, in: SEÅ 25 (1969) 62–70; deutsch: Der Apostel Paulus und das „introspektive" Gewissen des Westens (Übers. W. Stegemann), in: KuI 11 (1996) 19–33.
Ders., Das Vermächtnis des Paulus. Eine neue Sicht auf den Römerbrief (Übers. K. Ehrensperger/W. Stegemann), Zürich 2001.
E. P. Sanders, Paulus und das palästinische Judentum. Ein Vergleich zweier Religionsstrukturen (StUNT 17), Göttingen 1985.
Ders., Paulus. Eine Einführung (Übers. E. Schöller) (recl 9365), Stuttgart 1995.
J. D. G. Dunn, The New Perspective on Paul, in: Ders., The New Perspective on Paul. Collected Essays (WUNT 185), Tübingen 2005, 89–110.
M. Bachmann, Keil oder Mikroskop? Zur jüngeren Diskussion um den Ausdruck „Werke' des Gesetzes", in: Ders. (Hrsg.) Lutherische und Neue Paulusperspektive. Beiträge zu einem Schlüsselproblem der gegenwärtigen exegetischen Diskussion (WUNT 182), Tübingen 2005, 69–134.

MARKION, EIN RADIKALER PAULINER: SEIN IRRTUM UND SEINE WAHRHEIT

Thomas Ruster

„Leichter erhebt sich die Wahrheit aus der Verirrung als aus der Verwirrung", so hat Adolf von Harnack über Markion geschrieben.[1] Dieses Wort soll uns als Leitmotiv der folgenden Überlegungen dienen. Allerdings war die Verirrung Markions groß! Er zerteilte den biblischen Gott. Er behauptete, der Gott Jesu Christi sei ein anderer als der Gott Israels, er zerschnitt die Verbindung zwischen Altem und Neuem Bund. Indem er die Unterscheidung zwischen Israel und Kirche auf die Ebene des Göttlichen erhob, propagierte er, in den Worten Ernst Blochs, einen geradezu „metaphysischen Antisemitismus".[2] In gotteslästerlicher Weise bestritt er, dass Gott eine gute Welt geschaffen habe, gegen Gen 1,31 („und siehe, es war sehr gut"). Das Lob, das Gott aus seiner Schöpfung zusteht, hätte nach seiner Lehre unterbleiben müssen. Er machte den Schöpfer selbst verantwortlich für die Übel in der Welt. Er verachtete das Gesetz Gottes, von dem Ps 19,8 sagt: „Das Gesetz des Herrn ist vollkommen und erquickt die Seele"; und Paulus: „Das Gesetz ist heilig, und das Gebot ist heilig und gerecht und gut", Röm 7,12. So löste er den Bund auf, der durch das Gesetz zusammen gehalten wird. Er lehrte, dass die Gerechten des Alten Bundes der Erlösung nicht teilhaftig werden. Er wollte die Christen aus der Welt herausführen und diese Welt sich selbst, das heißt ihrem sicheren Untergang überlassen.

Und doch: Markions gewaltiger Irrtum hat klärende Kraft. Er führte eine Unterscheidung im Gottesverständnis ein, an der wir uns bis heute orientieren können. Es kam ihm darauf an zu zeigen, dass der Gott Jesu Christi, der Gott, an den die Christen glauben, nicht einfach dasselbe ist wie das, was allgemein Gott genannt wird. Als Blaise Pascal viel später den Gott Abrahams, Isaaks und Jakobs von dem Gott der Philosophen unterschied, da war diese Unterscheidung sachlich bei Markion vorgebildet. Markions Irrlehre hat immer dann Bedeutung, wenn die Rede von Gott ins Unbestimmte verschwimmt. Wenn, sei es im Zeichen interreligiöser Toleranz, sei es in dem Versuch, den christlichen Glauben als Antwort auf die religiösen Suchbewegungen einer Zeit darzustellen, das „unterscheidend Christliche" (R. Guardini) auf der Strecke zu bleiben droht. Markion setzte einen Unterschied – und wie immer ist es solches Unterscheiden, das die Erkenntnis voranbringt. Bei Gott aber, so meint es das gemeine religiöse Bewusstsein, sind alle Unterschiede aufgehoben. Dagegen bezog Markion Stellung, und deshalb ist es wichtig, in den Zeiten religiöser Verwirrung, in denen wir uns offensichtlich befinden, auf ihn zurückzukommen. In dieser Funktion also werde ich ihn in Anspruch nehmen. Es wird sich zeigen, dass die Wahrheit seiner Unterscheidung nicht an den Irrtum, dem er verfiel, gebunden ist, dass aber in diesem Irrtum die Wahrheit schon angezeigt war. Was er über den Gott Israels, über den Gott des Alten Bundes zu sagen hatte, was er ihm vorzuwerfen hatte, das ist gerade das Unterscheidende des christlichen Gottesverständnisses!

Markion war Paulus-Schüler. Er habe, so der jüdische Religionsphilosoph Jakob Taubes, „in der Genialität des Irrtums" ein Moment bei Paulus übersteigert, das sich bei diesem wirklich findet.[3] Paulus betont mit Nachdruck, dass in Christus etwas Neues geschehen ist, und er betont zugleich die Differenz von Gesetz und Evangelium. Markion hatte beide Dinge zusammengezogen und es so verstanden, das Neue am Gott Jesu Christi sei, dass er der Gott des Evangeliums ist und nicht der Gott des Gesetzes. Markions Irrtum war es, die Unterscheidung zwischen Evangelium und Gesetz zum Gegensatz zwischen dem Gott des Evangeliums und dem Gott des Gesetzes aufzubauen; darin hat er Paulus überstiegen. Aber Paulus kennt auch den Gegensatz zwischen dem „Gott dieser Weltzeit" und Jesus Christus, „welcher ist das Ebenbild Gottes", 2Kor 4,4. Diesen Gegensatz hatte Markion in seiner Genialität zur Grundlage seines Christentums gemacht, in seinem Irrtum aber auf die Unterscheidung Gesetz/Evangelium bezogen. Dies ist zu korrigieren, zugleich aber an der Wahrheit der paulinischen Unterscheidung festzuhalten, die durch Markion in ein helles Licht gerückt wird. Bei solcher Korrekturarbeit wird auffallen, dass das heutige Christentum in der Regel markionitischer ist als gut ist – nämlich in Bezug auf die Unterscheidung von Gesetz und Evangelium – und zugleich weniger markionitisch als gut wäre – nämlich in Bezug auf die Unterscheidung zwischen dem Gott dieser Weltzeit und dem Gott Jesu Christi. So führt die Beschäftigung mit Markion auch zu einer ernsten Anfrage an den christlichen Glauben heute. Wie weit ist er von Markions Irrtum wirklich entfernt? Hat er die Wahrheit aufgenommen, die sich aus seiner Verirrung erhebt?

Markion: Leben und Lehre
Die besten Geister des frühen Christentums haben sich mit ihm auseinandergesetzt. Von Ephraem dem Syrer, Hippolyt von Rom, Irenäus von Lyon, Clemens von Alexandrien sind antimarkionitische Schriften oder zumindest Passagen überliefert. Besonders zu erwähnen ist Tertullian, dessen „Adversus Marcionem" (entstanden zwischen 203-211) zunächst nur auf einen Band geplant war und schließlich auf fünf Bände anwuchs.[4] Schon diese intensive

Beschäftigung mit Markion bezeugt seine Bedeutung, die die Kirchenväter klar erkannt hatten. Keiner der gnostischen Irrlehrer hat eine ähnlich intensive Behandlung erfahren. Markions Irrlehre stand dem Christentum zu nahe, um ignoriert werden zu können. Von Markions Leben und Werk wissen wir nur aus den Schriften, die gegen ihn gerichtet waren. Der Kirchenhistoriker Adolf von Harnack (1851-1930) hat sich die Arbeit gemacht, aus den verschiedenen Quellen die Schriften Markions und die Gestalt seines biblischen Kanons zu rekonstruieren. Über 50 Jahre hat Harnack an diese Arbeit gesetzt, und man wird annehmen dürfen, dass seine Quellenanalyse einigermaßen gründlich ist. Und doch bleibt seine Markion-Rekonstruktion unvermeidlich eine Konstruktion, über deren speziellen Charakter noch zu reden sein wird.

Nach diesen Quellen wurde Markion um 85 n.Chr. in Sinope am Südufer des Schwarzen Meer als Sohn des dortigen Bischofs geboren.[5] Er stammte aus wohlhabenden Verhältnissen und betrieb eine Schiffsreederei. Als er später in die römische Gemeinde eintrat, brachte er ein Gastgeschenk von 200000 Sesterzen mit – nach heutigem Wert ein Millionenbetrag. Schon früh scheint er wegen seiner Auffassungen mit der Gemeinde seiner Heimat in Konflikt geraten zu sein. Irenäus von Lyon überliefert ein schroffes Wort des Bischofs Polykarp von Smyrna gegen den Anerkennung suchenden Markion: „Ich erkenne dich als Erstgeborenen des Satans." Dass man ihm später vorgeworfen hat, eine Jungfrau verführt zu haben, ist wohl eher allegorisch zu verstehen: Er wollte die reine Jungfrau, die Kirche, zum Glaubensabfall bewegen. Diese Konflikte scheinen auch der Grund dafür zu sein, dass er um Aufnahme in die römische Christengemeinde nachsuchte. Doch schon bald kam es zum Bruch. Das einzig gesicherte Datum seines Lebens ist das Jahr 144. Da wurde er nach einem förmlichen Verfahren aus der Gemeinde ausgeschlossen; der Geldbetrag wurde ihm zurückgegeben. Gleich nach dem Ausschluss begann er mit Umsicht und Erfolg mit dem Aufbau eigener Gemeinden. Zum Ende des 2. Jahrhunderts finden sich markionitische Gemeinden im ganzen Mittelmeerraum. In vielen Städten bestand neben der orthodox-katholischen Kirche immer auch eine markionitische. Dieser Erfolg ist umso bemerkenswerter, als Markion seinen Anhängern strengste Askese auferlegte: Keine Ehe, keine Sexualität, keine Erzeugung von Nachkommenschaft (so konnte sich die markionitische Kirche also nicht aus eigenem Bestand vermehren); kein Genuss von Wein und Fleisch; ständige Bereitschaft zum Martyrium. Diese Strenge und Eindeutigkeit wird wohl auch anziehend gewirkt haben.

Markions Lehre ist schon im ersten Satz seines von Harnack rekonstruierten Buches „Antithesen" ausgedrückt: „O Wunder über Wunder, Verzückung, Macht und Staunen ist, dass man gar nichts über das Evangelium sagen kann, noch über dasselbe zu denken, noch es mit irgend etwas vergleichen kann."⁶ Sein Schlüsselerlebnis ist die gänzliche Neuheit und Unvergleichlichkeit der Botschaft Jesu. Das Evangelium ist mit nichts zu vergleichen, es gleicht nichts auf dieser Welt, es ist nicht aus dieser Welt – und damit kann es auch nichts mit demjenigen zu tun haben, der diese Welt hervorgebracht hat. Das ist Markions Lehre von den zwei Göttern. Für ihn konnte der Schöpfer der Welt nicht ihr Erlöser sein, denn die Welt schien ihm so miserabel zu sein, so voller Elend, Schwäche und Unrat, dass als ihr Erschaffer nur ein schwächlicher und beschränkter Gott in Frage kam. Wieso soll auch der Schöpfer von der Welt erlösen, die er erschaffen hat? Er wird es nicht wollen, denn es ist seine Welt, und er kann es nicht, weil er schon mit der Schöpfung seine Begrenztheit und Unfähigkeit unter Beweis gestellt hatte. Die Welt in ihrem Schmutz und Elend ist ein Abbild ihres Schöpfers; von diesem ist kein Heil zu erwarten.

Wer der Schöpfer der Welt war, das wusste Markion aus der hebräischen Bibel. Er griff nicht auf die gnostischen Mythen von Götterkämpfen und -hierarchien zurück, denn die Bibel war ihm eine verlässliche Urkunde. Und er fand in der Bibel vom Schöpfergott geschrieben, was die Welt von ihm widerspiegelte: Unvollkommenheit, Wankelmütigkeit, Beschränktheit. Dieser Gott hatte ein Gesetz gegeben. Obwohl Markion anerkannte, dass dieses Gesetz einen gewissen Willen zur Gerechtigkeit ausdrückte und auch mit Recht gegen Vergehen wie Mord, Diebstahl und Lüge anging, so fand er es doch so voller Unzulänglichkeiten und Fehler, dass es kein geeignetes Mittel zur Regierung der Welt sein konnte. Es beruhte auf der Androhung von Strafe, es stiftete oft zu Grausamkeit und Gewalt an, es wurde überdies von einem unbeständigen und rachsüchtigen Gott gehandhabt. Es ist das Gesetz eines Despoten, der Unterwerfung verlangt.

Bei Paulus las Markion, dass nicht das Tun des Gesetzes gerecht macht, sondern der Glaube an das Evangelium. Mit welcher Freude und Bereitwilligkeit wird er das aufgenommen haben! War es die Lektüre des Paulus gewesen, die seine Wahrnehmung der Welt und ihres Schöpfers gelenkt hatte, oder hatte ihn sein düsteres Weltbild zu Paulus geführt? In jedem Fall war die Entgegensetzung von Gesetz und Evangelium der Leitstern seines Denkens. Er verstand sich als konsequenter Paulinist, der die Dialektik von Gesetz und Evangelium zu letzter Eindeutigkeit bringt. Der Gott Jesu musste vom Gott des Alten Testamentes so weit entfernt sein wie das heilvolle Evangelium vom unvollkommenen und despotischen Gesetz. Der Gott, von dem Jesus spricht, ist nur Barmherzigkeit, nur erlösende Liebe, reine Güte, Vergebung und Gewaltlosigkeit. Die Welt konnte bisher nichts von ihm wissen, weil er auch ihrem Schöpfer unbekannt war. Er ist der schlechthin fremde, unbekannte Gott.

Von ihm kommt die Erlösung, die der Schöpfergott nicht leisten kann und will. Die Erlösung gilt allen, die sich auf seine Liebe einlassen. Alle können erlöst werden – nur nicht die, die am Gesetz des Schöpfergottes festhalten, nur nicht die Gerechten des Alten Bundes. Harnack merkt dazu an: „Hier muss man stille halten, denn hier ist der Punkt, der nicht nur den Kirchenvätern als der Gipfel der blasphemischen Bosheit Marcions erschien, sondern der auch uns heute noch anstößig ist, und doch ist nach den Prinzipien Marcions alles in Ordnung."[7]

Jesus hat durch seinen Tod am Kreuz die Menschen dem Weltschöpfer abgekauft. Das war nach dem Modell des Loskaufs (redemptio) gedacht, das in der Sklavenhaltergesellschaft seinen Ort hat und mit dem Markion die Bedeutung des Kreuzestodes schlüssig – schlüssiger als die katholische Kirche? – erklären konnte. Die Erlösung besteht darin, von dem Gott der reinen Liebe zu wissen und ihm anzuhangen. In der Welt bleibt einstweilen alles beim Alten. Markioniten leben in der Welt, als wäre sie schon überwunden. Sie leben das Neue inmitten des Alten. Dieser Welt sollen keine neuen Menschen mehr geschenkt werden, deswegen der Verzicht auf Ehe und Sexualität, der noch strenger ausfällt als bei Paulus selbst. Die Genüsse und Freuden dieser Welt sind für die Markioniten tabu. Ihnen bleibt die Glaubensgewissheit, verbunden mit der Bereitschaft zum Martyrium. Am Jüngsten Tage wird der Gott der Liebe nicht strafen, aber er wird die, die sich an den Gott dieser Welt gehalten haben, abtun und der Gewalt des Weltschöpfers überlassen, der seine Welt und zuletzt sich selbst zerstört. Die Erlösten erlangen das ewige Leben.

Markion bezog seine Ideen ganz aus Paulus. Um seine Lehre zu sichern, stellte er einen biblischen Kanon zusammen, der aus 10 Paulusbriefen (Gal, 1 u. 2 Kor, Röm, 1 u. 2 Thess, Eph, Kol, Phil und Phlm) sowie dem Lukasevangelium, von dem er dachte, dass es Paulus am nächsten steht, bestand. Die hebräische Bibel gehört selbstverständlich nicht zu diesem Kanon. Doch fand er die wahre Lehre des Paulus entstellt durch Zusätze, die die klare Trennung der beiden Götter verwischen. In Gal 2,4.14 und 2Kor 11,13 entdeckte er den Grund dafür: Falschbrüder und Lügenapostel hatten sich eingeschlichen, Judaisten, die die Freiheit des Evangeliums wieder unter die Fron des Gesetzes zu bringen versucht hatten. Markion machte sich daran, die reine Lehre des Apostels, der ihm über allen Aposteln steht, wiederherzustellen. Mit beachtlichem philologischem Gespür schied er angebliche Zusätze aus und kürzte den Text, wo ihm der rechte Sinn nicht gegeben zu sein schien. Das Lukasevangelium beginnt bei ihm erst mit dem 4. Kapitel; die ganze Parallele Johannes-Jesus entfällt ebenso wie die Versuchungsgeschichte, die zu einem Jesus als Offenbarer des fremden Gottes nicht passt. Aus den Paulusbriefen musste er alle Stellen eliminieren, die die Kontinuität Israel-Kirche benennen; so die Passage über die Abrahams-Kindschaft in Gal 4 und ein so zentrales Zitat wie Hab 2,4 in Röm 1,17! Beachtet man das dichte Zitatennetz, in dem sich die Argumentation des Paulus bewegt, kann man die Aufgabe ermessen, vor die Markion sich gestellt sah. Es handelte sich um die erste „kritische" Bearbeitung der Bibel, nur dass sie nicht „historisch-kritisch", sondern, wenn man so sagen darf, „dogmatisch-kritisch" war. Die gesamte spätere Bibelwissenschaft ist ihm darin selbstverständlich nicht gefolgt. Die Verdienste Markions um die Schaffung eines christlichen Kanons wurden dagegen oft hervorgehoben. Von ihm mag der Anstoß zur Kanonbildung gekommen sein, die Zweiteilung des Neuen Testamens in Evangelien und Briefe mag auf ihn zurückgehen.[8]

Markion war ein Meister der Klarheit – und dies in einer Zeit, in der in der Kirche noch sehr vieles ungeklärt war. Dies erklärt die Attraktivität seiner Lehre und den Erfolg seiner Kirche, auch wenn deren überstrenge Anforderungen sicher viele abschreckten. Was Markion zu bieten hatte, war:
- die klare Trennung von Schöpfer und Erlöser. Und wie schwer tut sich doch die Kirche bis heute zu erklären, warum Gott in Jesus Christus von einer Welt erlöst hat, die er selbst geschaffen hat. Damit ist gegeben
- eine plausible, echt theologische Erklärung für die Existenz des Bösen und der Übel in der Welt – eine Erklärung, die die Verantwortung für das Böse nicht allein dem Menschen zuweist und dann auch nicht zu erklären hat, warum Gott einen solchen Menschen schuf.
- Die Abwendung von allem Jüdischen. Dieser Zug kam sicherlich der Auseinanderentwicklung von Judentum und Christentum in den Tagen des Markion entgegen, er entlastete die (Heiden-)Christen aber auch von den dunklen Stellen und Geschichten der Hebräischen Bibel, von der Versenkung in die Geschichte eines Volkes, das ihnen in vieler Hinsicht immer fremd bleiben musste; und von einem Gottesverständnis, dessen Vereinbarkeit mit der Botschaft Jesu ein nahezu unlösbares Problem darstellte.
- Die Gesetzesfreiheit! Wie man an den Anhängern Markions sehen kann, war es nicht moralische Laxheit, die sich nach solcher Freiheit sehnte, sondern der Wunsch, sich der Verpflichtung auf ein Gesetz zu entledigen, dessen Sinn und Wert ganz schwer einzusehen war.
- Die strenge Askese und Moral der Markioniten standen für Erkennbarkeit und Stärke des Glaubens und waren darin überzeugend; die katholische Kirche konnte damit nicht in gleicher Weise aufwarten. Dass Tertullian sich zum Ende seines Lebens den Montanisten anschloss, einer Gruppe, deren Strenge sich von der der Markioniten kaum unterschied, belegt die

Attraktivität dieses asketischen Ideals.
- Auch die klar abgegrenzte kanonische Schriftgrundlage war eine Stärke des Markionismus. Wie immer man den Beitrag Markions zum Kanonisierungsprozess in der katholischen Kirche beurteilen mag, diese hat jedenfalls bald nach Markion das gleiche Verfahren angewandt und erst damit zwischen normativer Grundlage und freier Glaubensreflexion unterscheiden können – ein medientheoretisch notwendiger Schritt für eine Glaubensgemeinschaft, die auf die Dauer nicht von Offenbarungen einzelner abhängig sein will.[9]
- Schließlich scheint die markionitische Kirche insgesamt basisdemokratischer organisiert gewesen zu sein und insbesondere den Frauen ein größeres Mitspracherecht eingeräumt zu haben.[10]

Noch ein kurzer Exkurs zu der Frage, inwieweit Markion als Gnostiker angesprochen werden kann. Die Forschung ist sich darüber uneins.[11] Evident scheint mir aber: Mit seiner düsteren, pessimistischen Weltauffassung steht Markion sicher im gnostischen Gedankenkreis. In der Gesellschaft des römischen Reiches, deren Wohlstand auf Sklavenarbeit, militärischer Expansion und Tributzahlungen unterworfener Völker beruhte, war eine solche Auffassung für einen denkenden Menschen wohl auch kaum vermeidbar;[12] die Gnosis hatte dem gültigen Ausdruck verliehen. Der Reeder Markion wusste schließlich, welche Menschen das waren, die seine Schiffe später antreiben würden. Von der Gnosis übernahm er auch viel Vorstellungsmaterial: den Dualismus, die Idee des Schöpfungsdemiurgen, die Konzeption von Erlösung als Wissen um den wahren Gott. Auch die Abwertung des Alten Testament war in gnostischen Kreisen verbreitet. Dennoch ist Harnack darin Recht zu geben, dass der Grundgedanke der Lehre Markions nicht gnostisch sondern biblisch ist.[13] Leitend war für ihn Paulus und seine Unterscheidung von Gesetz und Evangelium. Bei Markion geht es um den Glauben, nicht um Erkenntnis wie in der Gnosis. Er beruft sich nur auf die Bibel, er zieht nicht wie die Gnostiker sonst außerbiblische Quellen heran. Nach seiner Lehre können alle Menschen erlöst werden, gerade auch die Armen und Elenden, nicht nur die Mitglieder der Geistesaristokratie. Und weiter: Markion macht keinen Gebrauch von dem gnostischen Arsenal von Seelenfunken, Aufstiegsritualen, magischen Praktiken und Geheimtraditionen. Der Gottesdienst der markionitischen Kirche glich in seiner Schlichtheit dem römischen. Markion ist als christlicher Irrlehrer ernst zu nehmen und nicht als gnostischer Umdeuter des Paulus zu neutralisieren.

Harnacks Markion: Der Urprotestant
In der Moderne ist Markion durch den preußischen Kirchen- und Dogmenhistoriker Adolf von Harnack wiederentdeckt worden. Von seiner Studie, die 1920 in erster, 1924 in zweiter, wesentlich erweiterter Auflage erschien, geht nach wie vor alle Literatur zu diesem Thema aus. Über 50 Jahre lang hatte Harnack über Markion geforscht, hatte sich ihm in „abgestohlenen Stunden, ja in halben Stunden" gewidmet.[14] Was motivierte ihn, den Vielbeschäftigten, zu dieser Arbeit? Die Antwort auf diese Frage führt näher heran an die Bedeutung Markions für unsere Gegenwart.

Die Gegensätzlichkeit könnte ja nicht größer sein: Dort der Verkünder eines fremden, die ganze Welt verwerfenden Gottes, der weltfremde Asket, aus der Gemeinde ausgeschlossen und verfemt, hier der „Wissenschaftpapst" Harnack, der schon mit 30 Jahren den Gipfel der akademischen Laufbahn erreicht hatte, Träger zahlreicher Ehrungen, Präsident der Kaiser-Wilhelm-Gesellschaft, bei Hofe ein- und ausgehend, mit den Größen der Gesellschaft in Korrespondenz, 1914 geadelt; Taubes: „es gab nichts, was er nicht war."[15] Harnack, der „Kulturprotestant" schlechthin, und Markion, der Verächter dieser Welt und ihres Gottes dazu – was führte sie zusammen?

Eine erste Hypothese wäre, dass Harnacks „Evangelium vom fremden Gott" das Zerbrechen der kulturprotestantischen Synthese von Religion und Gesellschaft anzeigt. Das Buch erschien in der Zeit nach dem Ersten Weltkrieg, in die auch der Anfang der sog. Dialektischen Theologie fällt. In diesem Sinne hat Jakob Taubes Harnacks Markion-Studie „als Zeugnis einer neuen Religiosität am Ende des liberal-protestantischen Zeitalters" verstehen wollen, hat sie in die Nähe zu Karl Barths „Römerbrief" (1919/1922) und zu Ernst Blochs „Geist der Utopie" (1918/1921) gerückt.[16] Harnacks Größe wäre es demgemäß gewesen, in seinen lebenslangen Markion-Studien schon im Stillen die andere Seite seines nach außen hin verfochtenen Kulturprotestantismus bearbeitet und, als die Zeiten dieser Recht gaben, sie in die Öffentlichkeit getragen zu haben. Dies wäre ein bemerkenswerter Fall von Altersweisheit. Tatsächlich haben Zeitgenossen eine Nähe zwischen Barth und Harnack gesehen. Man empfand als verwandt die Probleme der Vermittlung zwischen Glaube und Kultur bzw. die Absage an die Allianz von Thron und Altar nach dem wilhelminischen Modell. Aber diese Hypothese trifft nicht zu, sie trifft jedenfalls nicht die Motive Harnacks, wie immer die Leser das Buch auch verstanden haben mögen. Nicht nur Barth hat sich stets heftig gegen die Parallelisierung mit Markion gewehrt, auch Harnack hat die ihm unterstellte Nähe zu Barth mit Nachdruck zurückgewiesen. Im Übrigen geben persönliche Zeugnisse Harnacks aus der Nachkriegszeit keinerlei Anlass zu der Meinung,

er habe seine frühere religiös-gesellschaftliche Haltung revidiert oder auch nur überdacht.[17]
Bleibt eine andere Fährte, auf die wiederum Taubes führt. Möglicherweise hat Adolf Harnack mit Markion den Konflikt mit seinem Vater Theodosius Harnack bearbeitet und damit den Konflikt mit der streng lutherischen Tradition, gegenüber der sein kulturprotestantischer, dogmenkritischer, das Christentum auf bloße Innerlichkeit und Positivität reduzierender Ansatz eine erhebliche Abweichung bedeutet. Theodosius Harnack (1817-1889), Theologieprofessor im baltischen Dorpat, vertrat eine pointiert bewahrend-lutherische Position. Die Auseinandersetzung mit seinem Sohn war heftig. Er schrieb ihm: „Unsere Differenz ist keine theologische, sondern eine tiefgehende, direkt christliche, so dass ich, wenn ich über sie hinwegsähe, Christum verleugnete, und das kann kein Mensch, auch wenn er mir so nahestände, als du, mein Sohn, von mir verlangen oder erwarten."[18] Zweifellos wird der Sohn unter diesem Konflikt gelitten haben, und er wird auf Wege gesonnen haben, ihn theologisch zu bereinigen. War denn nicht bei Markion genau jene resolute Unterscheidung von Gesetz und Evangelium zu finden, die dem Luthertum so wichtig war? Taubes: „Das erste Buch, das ich über Luther las, [...] war das Buch von Harnacks Vater [Th. Harnack, Luthers Theologie, 1862] Zwei Bände, ein dickes Ding. Ich fand das spannend. Das war nämlich reiner Marcionismus. Das war ein Luther, bei dem die Seiten Gesetz und Evangelium, der grausame Gott auf der einen Seite und Christus, der Liebende, total auseinandergerissen waren und der Faden ein ganz dünner war, im Interesse der Dogmatik. Aber die Erfahrungsmächtigkeit dieses Werkes spricht gegen das Dogma."[19] „Markionismus" ist also eine väterliche Botschaft, die den Sohn erreicht hat; mit Markion konnte er hoffen, beim Vater Verständnis zu finden, und zwar auf einem Feld, wo er stark war und sich auskannte: in der Theologie- und Dogmengeschichte. Wollte er so den Bruch mit dem Vater heilen und zugleich bei seiner eigenen Sache bleiben?

Markion, wie Harnack ihn konstruiert – und etwas anderes als Markion-Konstruktionen sind uns wie gesagt nicht zugänglich – ist tatsächlich der Urprotestant schlechthin. Bei Markion fand Harnack die urlutherische Unterscheidung zwischen Gesetz und Evangelium vorbildlich, gleichsam archetypisch ausgedrückt. Der Gott Markions ist ein Gott der reinen Liebe und Vergebung – ohne Forderungen und ohne gesellschaftliche Wirksamkeit. Ganz so hatte Harnack in seinen Vorlesungen über das „Wesen des Christentums" (1899/1900) das Gottesbild in der „christlichen Religion des Protestantismus" geschildert.[20] Ferner war Markion der Theologe des ‚sola scriptura' und der Schöpfer des Kanons. Auch die Weltfremdheit der Markioniten, so befremdlich sie für den Kulturprotestantismus der Zeit sein musste, entsprach doch recht gut der Harnack'schen Verabschiedung des Protestantismus in den Bereich unpolitischer Innerlichkeit. Ferner war der fremde Gott Markions auch als ein philosophiekompatibler Gott zu vermitteln, der in der Nachfolge der neuprotestantischen Formierung des lutherischen Christentums[21] auch den „Gebildeten unter den Verächtern" der Religion (F.D.E. Schleiermacher) nahe gebracht werden konnte.[22] Wer sich an diesen Gott hielt, brauchte sich mit der abgründigen, aller reinen Vernunft spottenden Geschichte des Gottesvolkes Israel nicht mehr zu plagen. In diesem Kontext wird auch der dominante Antijudaismus des Harnack'schen Markion plausibel. Antijüdisch oder antisemitisch zu sein war in der Gesellschaft des deutschen Kaiserreiches kein Makel, es lag im Gegenteil im Zug der Zeit. Der Kaiser selbst lieh einem radikalen und rabiaten Antisemiten wie Houston Stewart Chamberlain sein Ohr und beförderte sein Wirken.[23] Harnack korrespondierte ausführlich mit Chamberlain. Er war voll des Lobes über dessen Goethe-Deutung und fand die grotesk antisemitischen Passagen allenfalls ein wenig degoutant. Mit dem Judentum seiner Zeit hatte Harnack kaum Kontakt und auch wenig Kenntnis darüber. Leo Baecks Buch über „Das Wesen des Judentums", eine tiefgründige und kritische Auseinandersetzung mit Harnacks „Wesen des Christentums" und eine glänzende Darstellung des Judentums zugleich, soll Berichten zufolge bei Harnacks Tod noch unausgepackt in seinem Schrank gelegen haben. Harnacks berühmt-berüchtigte Verwerfung der Kanonizität des Alten Testaments, eine Ungeheuerlichkeit für einen christlichen Theologen, lag nicht nur auf der Linie seiner Markion-Deutung, sie passte auch in die antijüdische Stimmung der Zeit.[24] Erstaunlich gering war der Protest dagegen, und sie hat Harnacks Ruf als Wissenschaftler bis heute auch nicht nachhaltig geschadet. Martin Buber bemerkte dazu: „Harnack starb 1930, drei Jahre danach war sein Gedanke, der Gedanke Marcions, in Handlung umgesetzt, nicht mit Mitteln des Geistes, sondern mit denen der Gewalt und des Terrors."[25] Markions Irrtum hat hier, soweit es den Einfluss der Theologie betrifft, die schrecklichste Wirkung gehabt.

Zu Harnacks protestantischer Profilierung Markions passt auch die antikatholische Ausrichtung seines Werkes. Der Untertitel der Markion-Studie „Eine Monographie zur Geschichte der Grundlegung der katholischen Kirche" ist so zu verstehen, dass sich die Ausbildung der katholische Kirche in der nachapostolischen Zeit wesentlich in Auseinandersetzung mit Markion und damit – trotz einzelner Übernahmen wie etwa in der Kanonbildung – in Abgrenzung zu seiner Lehre vollzog. Wenn nun Markion gewissermaßen das reine Evangelium repräsentiert, dann konnte solche Abgrenzung nur vom

Evangelium wegführen. In seinem „Wesen des Christentums" hatte Harnack bereits erklärt, dass der „griechische Katholizismus" „mit der Religion Christi gar nichts zu tun hat", dass die Orthodoxe Kirche jene Art von Religion wieder errichtet habe, die zu beseitigen Jesus sich habe ans Kreuz schlagen lassen.[26] Etwas gnädiger urteilt er über den römischen Katholizismus, der in der Gestalt Augustins immerhin eine wenn auch eigentümliche Wiedererweckung der paulinischen Erfahrung von Sünde und Gnade in sich aufgenommen habe. Doch auch hier fällt sein Urteil schließlich vernichtend aus: Durch die Vermengung des Christlichen mit dem römischen Reichs- und Herrschaftsgedanken habe „der römische Katholizismus als äußere Kirche, als ein Staat des Rechts und der Gewalt, [...] mit dem Evangelium nichts zu tun, ja widerspricht ihm grundsätzlich."[27] Erst die Reformation habe das ursprüngliche Evangelium wieder freigelegt. In der Markion-Studie wird nun das Motiv für die Genese dieser unterschiedlichen Kirchentümer aufgewiesen: Indem sich die katholische Kirche von Markion absetzte, hat sie zugleich das Evangelium verlassen.

Markion, wie ihn uns Harnack hinterlassen hat, ist Teil eines neuprotestantischen Reformprogramms, mit dem das Christentum den gesellschaftlichen und politischen Erfordernissen des späten Kaiserreichs angepasst werden sollte. Hauptmerkmale dieses Markionismus sind der Antiinstitutionalismus, der Antijudaismus und der Antikatholizismus. Ist Markion aus dieser Umklammerung zu befreien? Welche Bedeutung hat er heute noch?

Der gewöhnliche christliche, oder: unser aller Markionismus
Markion hat auf einer Linie gesiegt, auf der er niemals hätte siegen dürfen. Ich meine die Verachtung des Gottes Israels und seines Gesetzes. Grundschullehrerinnen klagen, dass sie lehrplangemäß die biblische Geschichte, die Geschichten von Abraham, Moses und David unterrichten, dass die Kinder aber diese Geschichten in der Kirche nicht mehr wieder hören. Und sie klagen zu Recht. Dabei wäre viel mehr von der Geschichte Gottes mit Israel in die Verkündigung einzubringen als der Lehrplan der Grundschule enthält. Wann wird aber einmal über die alttestamentliche Lesung gepredigt, wenn sie denn überhaupt verlesen wird? Wie viel Altes Testament ist im christlichen Glaubensbewusstsein präsent? Bei Studierenden der Theologie treffe ich immer noch auf das Vorurteil, der Gott der Alten Testaments sei ein grausamer, strafender Gott, erst Jesus habe das Gottesbild ins Positive gewendet. Markion war der gleichen Meinung.

Noch ärger steht es um die Achtung und Bewahrung der Tora. Wir haben heute ein „gesetzesfreies Christentum", wie es sich Paulus nie hätte träumen lassen und sicher auch nicht gewollt hat. Bis auf die zehn Gebote, die aber das Konzept der theonomen Autonomie auch noch auf die Vernunft zurückführen will bzw. als bloße Gebote der Mitmenschlichkeit deklariert, ist von der Fülle der Tora und ihrer Weisheit im Christentum fast nichts übrig geblieben. Ein Indiz: dass Ps 19, der die Schönheit des Gesetzes noch über die der Sonne setzt, stets nur – wenn überhaupt – bis zum Ende von V. 8, also bis zum Ende des Sonnenhymnus gebetet wird. Der Lobpreis auf das Gesetz entfällt. Dabei ist es nicht eigentlich ein bewusster Antinomismus, der zu dieser Haltung führt, sondern meist bloße Unkenntnis, die Folge lange bestehender Vernachlässigung.

Als Beleg für diesen gewöhnlichen christlichen Markionismus, der so heißen kann, auch wenn er sich nicht ausdrücklich auf Markion zurückführt, möchte ich kurz auf die „Katholische Dogmatik aus ökumenischer Erfahrung" von Otto Hermann Pesch hinweisen. Das 2008 erschienene Werk repräsentiert in vieler Hinsicht den Stand der neueren Theologie, zumal es Pesch ein Anliegen ist, möglichst viele Stimmen der theologischen Fachdiskussion der letzten Jahrzehnte einzufangen und zu verarbeiten.[28] Über die ganze Länge des Werkes fällt die äußerst geringe Benutzung des Alten Testaments auf; besonders in der Schöpfungslehre ist das schmerzlich spürbar. Die Christologie setzt systematisch mit der Frage ein, was Jesus „über das Gottesbild Israels hinaus Neues von Gott gesagt hat" (513). Man muss fragen, ob schon diese Frage richtig gestellt ist; ob man nicht, wenn man sie so stellt, notwendig in ein markionitisches Fahrwasser kommt. Der Abschnitt, in dem Pesch diese Frage beantwortet, ist mit „Der noch größere Gott" (514) überschrieben – also wäre der Gott Israels kleiner gewesen? Pesch findet, dass Jesu Gottesverkündigung neu ist gegenüber einem patriarchalischen Gott, dem „Schreckgespenst Vater", neu gegenüber einem theokratischen, autoritären Gott, ist doch anders als in Israel „seine Herrschaft [...] nicht Gewaltausübung über Untertanen, sondern Gemeinschaftsstiftung unter Kindern", und neu schließlich gegenüber dem Gott des Gesetzes, der „eine starre Ordnung, der um ihrer selbst willen Genüge getan werden muss", aufgerichtet hat (520-522). Zieht man das Alte zusammen, das Jesus überwunden haben soll, dann findet man alle wesentlichen Bestimmungen Markions über den Gott des AT. Pesch fragt sich selbst: „Schwenken wir auf die Schiene des »Ur-Irrlehrers« Markion ein?" (521), insofern nämlich die Belege für diese Auffassung fast alle aus dem Lukasevangelium stammen? Doch weiß er die Bedenken zu zerstreuen, sind doch die angeführten lukanischen Jesusworte mit einiger Sicherheit echt und im Übrigen der Sache nach Gemeingut der Evangelien. Hauptbeleg für Peschs Deutung ist in der Tat Lk 15, das Gleichnis vom verlorenen Sohn. Er will es so verstanden wissen, dass Jesus hier diejenigen rechtfertigt, „die sich dem Willen gerade des Gottes verweigert haben, den auch Jesus als den Gott Israels anerkennt und anbetet" (518). *„Gott bevorzugt die Verlorenen. Er brüskiert die Treuen."* (518, Hervorh. im Org.) Auf der Linie lutherischer Theologie erkennt Pesch dem Gesetz den „überführenden Gebrauch" (usus elenchticus) zu: Es dient dazu zu zeigen, dass wir „Gottes Gebot nie nachkommen und nie genügen können" (523). Ein solches Verständnis ist selbstverständlich im Alten Testament nicht anzutreffen, sodass Jesus „auch noch das reinste israelitische Verständnis vom Gott des *Gesetzes* korrigiert" (519). Wegen dieser neuen Verkündigung von Gott musste Jesus sterben. Der Hohe Rat brach den Stab über „seine Verkündigung von Gott" (560). Genauer: „Eine bestimmte *Vorstellung* vom Gott des Gesetzes hat über Jesus gesiegt" (560). Denn: „Welche Lästerung könnte größer sein als die, dass Gott nicht mehr der unantastbare Heilige ist und nicht mehr den Gerechten, sondern stattdessen den Sünder liebt?" (560). Zusammenfassend kann Pesch sagen: „Jesus verkündete den Gott Israels – aber dieser wesentlich eine und selbe Gott ist zugleich anders als Israel glaubt" (533).

Es ist hier nicht der Ort darzulegen, dass Peschs christologische Auffassungen im Einzelnen exegetisch und bibeltheologisch nicht haltbar sind. Mir kam es nur darauf an, den markionitischen Grundzug dieses theologischen Denkens aufzuweisen: Der Gott Jesu ‚anders' und ‚größer' als der Gott Israels; der Hauptunterschied besteht im Bezug auf das Gesetz; die Gerechten im Sinne des Gesetzes liebt Gott nicht mehr (der Spitzensatz Markions, der schon Harnack schockierte!); die Unvollkommenheit des alttestamentlichen Patriarchen- und Autoriätsgottes überwunden. Jesus musste sterben, um von diesem Gott des Gesetzes zu befreien. Der Gott Jesu Christi ist ein Gott nur der Liebe, der „nicht vernichtet, sondern aufrichtet, nicht verurteilt, sondern schont, nicht zerschlägt, sondern heilt, nicht bestraft, sondern vergibt, nicht unterdrückt, sondern befreit" (522). Selbstverständlich kann man heute nicht mehr wie weiland Markion von zwei Göttern sprechen, der Sache nach aber kommen diese Antithesen auf einen Markionismus reinsten Wassers heraus. Und das im Zentrum einer Katholischen Dogmatik, die den Diskussionsstand der neueren Theologie wiedergibt.

Der gewöhnliche christliche, oder: unser aller Antimarkionismus
Markion hat sich auf einer Linie nicht durchsetzen können, auf der er sich hätte durchsetzen sollen – eben da, wo sich aus seiner Verirrung die Wahrheit erhebt. Ich meine die Unterscheidung im Gottesverständnis. Sie ist die eigentlich paulinische Linie seiner Lehre. Mit Paulus unterscheidet er recht zwischen

„dem Gott dieser Weltzeit, der den Ungläubigen den Sinn verblendet, dass sie nicht sehen das helle Licht des Evangeliums" und dem Gott, dessen Ebenbild Jesus Christus ist, 2 Kor 4,4. Das ist der Gott, der „die Weisheit der Welt zur Torheit gemacht hat" und den die Weisheit der Welt nicht erkannte, 1 Kor 1,18, dessen Herrlichkeit „keiner von den Fürsten dieses Zeitalters erkannt hat – denn wenn sie sie erkannt hätten, so würden sie wohl den Herrn der Herrlichkeit nicht gekreuzigt haben –, sondern wie geschrieben steht: »Was kein Auge gesehen und kein Ohr gehört hat und in keines Menschen Herz gekommen ist, was Gott denen bereitet hat, die ihn lieben«", 1 Kor 2,8f. Von dieser Unterscheidung spricht die Theologie nicht gern, denn sie behindert ihre Versuche, den christlichen Glauben anschlussfähig für Religion zu halten und ihn als Ziel religiöser Suchbewegungen auszuweisen. Wenn es denn festzustehen scheint, dass Religion eine unersetzliche Funktion mindestens in der Gesellschaft, in aller Regel aber auch für jeden Menschen hat, dass die Gesellschaft auf die durch Religionen geleistete „Transformation unbestimmbarer in bestimmbare Komplexität" angewiesen ist[29] und zugleich Antwort auf den „'metaphysischen' Durst" des Menschen[30] ist, dann wird nachvollziehbar, dass die Theologie der Versuchung schwer widerstehen kann, das Christentum als jene Religion bzw. jene Antwort auszugeben. Dem steht nun aber die paulinisch-markionitische Linie entgegen, die von einem Gott spricht, der den Fürsten und Machthabern gar nicht zu passe kommt und der alles andere tut als Komplexität zu reduzieren, im Gegenteil, er steigert sie. Und der sich auch nicht dazu eignet, metaphysischen Durst zu löschen, es sei denn, die gesamte bisherige Geschichte der Metaphysik würde umgeschrieben. So haben denn die Versuche der Theologie nie aufgehört, den Gott der Philosophen mit dem Gott Abrahams, Isaaks und Jakobs zusammen zu denken, klassisch in katholischer Tradition im Zweistufenschema natürliche/übernatürliche Offenbarung oder in protestantischer Tradition in der Zusammenführung des Begriffs des Absoluten in der idealistischen Philosophie mit der Offenbarung. Heute, im Zuge eines neu auflebenden Atheismus, kommt der paulinisch-markionitische Einspruch ganz ungelegen. Kann man es sich leisten, die Weisheit der Welt so Lügen zu strafen wie Paulus es einst tat? Viel gelegener kommt beispielsweise der Versuch der Münsteraner Religionsphilosophen Klaus Müller, den christlichen Glauben auf einen „Kosmotheismus" zurück zu schneiden, Gott also mit dem Gesamt der Welt gleichzusetzen und damit jenen Widerspruch zum Gott dieser Weltzeit aufzulösen, der dem Christentum so viele Schwierigkeiten bereitet. In seinem Buch „Streit um Gott" (2006) unternimmt es Müller, den Gott vom Sinai mit der Göttin von Sais zu harmonisieren. Es geht also um die Versöhnung von Christentum und Heidentum. Die Göttin von Sais

(Neith/Isis/Athene) wird in einer Inschrift mit den Worten geehrt: „Ich bin alles, was war und ist und sein wird, und mein Gewand hat noch kein Sterblicher gelüftet."[31] Sie ist also der geheimnisvolle Inbegriff der Welt. Müller will nun zeigen, „dass das, was aus Sais stammt, nicht falsch sein muss, damit das, was vom Sinai kommt, wahr sein kann" (249). Leitfigur dieses Unternehmens ist der Philosoph Baruch Spinoza, der bekanntlich Gott und die Natur (deus sive natura) gleichsetzte, im Interesse der philosophischen Denkbarkeit Gottes. Wenn im Sinne dieses „Monismus" Gott die Welt ist und die Welt Gott, braucht es keinen Glauben mehr, es genügt, das Ganze der Welt zu denken und dieses dann Gott zu nennen. Das Personsein Gottes bleibt dabei wie schon bei Spinoza auf der Strecke. Der Spinozismus wäre der Grenzbegriff, auf den jede vernünftige Religion zulaufen muss, wie schon G. Chr. Lichtenberg, der Aphoristiker des ausgehenden 18. Jahrhunderts, klar erkannte: „Wenn die Welt noch eine unzählbare Zahl von Jahren steht, so wird die Universalreligion geläuterter Spinozismus sein. Sich selbst überlassene Vernunft führt auf nichts anderes hinaus" (165). Ist es nicht eine Chance für das Christentum, sich an die Spuren dieser siegreichen Religion der Zukunft zu heften, sich mit ihr zu versöhnen, sich gar als sie zu präsentieren? Müller plädiert deshalb nachdrücklich dafür, „Monotheismus und Kosmotheismus zusammenzuhalten", eine Aufgabe, für die insbesondere die katholische Denkform disponiert sei (245). Das einzige, was dabei stört, ist eben jener fremde Gott Markions, der zugleich der Gott des Paulus ist, der Gott des Alten und Neuen Bundes, dessen Ebenbild Jesus Christus ist. Um dieser Störung willen ist der Widerspruch Markions weiterhin aufrecht zu erhalten.

„In der Genialität des Irrtums": Markionismus in kapitalistischen Zeiten
Die Wahrheit Markions ist die Unterscheidung im Gottesverständnis, die der biblischen Botschaft entspricht, sein Irrtum die Gleichsetzung des Gottes dieser Welt mit dem Gott, der das biblische Gesetz gegeben hat. Theologie und Christentum sind ihm überwiegend in seinem Irrtum gefolgt und haben seine Wahrheit zurückgewiesen, sie tun es noch. Seine „Genialität des Irrtums" (Taubes) kommt uns nur zugute, wenn wir die Seiten vertauschen: Der fremde Gott ist der Gott des Alten und Neuen Bundes, der Mose das Gesetz gab, das Jesus nicht aufzuheben sondern zu erfüllen gekommen war, Mt 5,17. Der Wert dieses genialen Markionismus leuchtet sofort ein, wenn man sich vor Augen hält, was das ist, was „alles war und ist und sein wird", nämlich heutzutage der Kapitalismus, bzw. genauer die auf Selbsterhaltung und Selbstbehauptung beruhende Ordnung der Welt, die sich zuletzt im Kapitalismus ihren gültigen, von christlichem Einspruch unbeschränkten Ausdruck verschafft

hat. *Dass er immer war*, ist sein eigener Anspruch, sieht er doch alle Geschichte vor ihm nur als Vorgeschichte zu sich; das bestätigt sich im durch das im Geschichtsunterricht grundgelegten Geschichtsbild junger Menschen heute, welche Geschichte im eigentlichen, auf die Gegenwart hinführenden Sinne erst mit der Französischen Revolution beginnen lassen. Davor herrscht nur das (zuweilen pseudomythologisch verklärte) Dunkel einer Zeit, die man sich gern unter der grausamen Herrschaft der Kirche stehend vorstellt.[32] *Dass er alles ist*, braucht keine weiteren Beweise. *Dass er immer sein wird*, scheint sich als schicksalhafter Zwang auch in seinen größten und verheerendsten Krisen zu bestätigen. Und was sollte es auch anderes geben als naturhafte Selbsterhaltung; und wie sollte sie sich anders organisieren als im freien Wettbewerb unter Zuhilfenahme des hocheffizienten Mediums Geld? Die Macht des Faktischen, der Zwang der selbst geschaffenen Systeme spricht für sich. Dieser Zwang ist eigentlich der Gott dieser Welt.

Markions Genialität liegt darin, die Differenz des Gottes Jesu Christi zu diesem Gott der Welt schon früh, schon in der Anfangszeit des Christentums erkannt zu haben. Vergeblich aber rief er zu Askese und Enthaltsamkeit auf, um dem Gott dieser Welt keine Kinder mehr zu schaffen. Das biblische Mittel gegen den Gott dieser Welt ist ein anderes: das Gesetz Gottes.[33]

Jemand, der Markions Genialität schon früh in christliche Bahnen gelenkt hatte, ist Tertullian. Wie erwähnt, ist das „Adversus Marcionem" für ihn zum wahren Lebensprojekt geworden, aus dem er zum Schluss auch ganz persönliche Konsequenzen zog. In den ersten Bänden seines Werkes sucht er Markion mit philosophischen Argumenten beizukommen, nicht sonderlich überzeugend.[34] Im 5. Buch geht es um die Paulusinterpretation und näherhin um die Frage des Gesetzes: da wird Tertullian immer biblischer.[35] In Bezug auf den Galaterbrief, eine Kardinalstelle für Markion, weist er darauf hin, dass es die Konflikte um das Gesetz gar nicht gegeben hätte, hätte Paulus den Galatern einfach den neuen Gott verkündigt. Nicht die Abschaffung des Gesetzes habe zur Diskussion gestanden, sondern das Problem der Rechtfertigung, und zwar in einer Weise, die im AT vielfach angelegt sei. Immer nachdrücklicher argumentiert Tertullian gegen Markion auf der Basis der engen Verflechtung zwischen Alten und Neuen Bund gerade bei Paulus. Die Kirche ist legitime Nachfahrin des freien Sohnes Abrahams, Gal 4,21-24. Christus hat das Gesetz nicht abgeschafft, sondern in einem einzigen Gebot verdichtet, Gal 6,2. Für Markion scheint 2 Kor 3,6 zu sprechen: die Christen nicht Diener des Buchstabens sondern des Geistes. Tertullian kontert mit Jer 31,33: „Ich werde mein Gesetz in ihr Inneres legen". Mit Röm 1,16 hält er an Gottes Gerechtigkeit fest. Gott ist auch ein Gott des Gerichts. Die ganze christliche Paränese von

Röm 12 ist für Tertullian schon in der Tora enthalten. Und schließlich jener erstaunliche Satz, der den Ertrag der Auseinandersetzung mit Markion auch für die Gegenwart enthält: „dass, falls das Evangelium das Gesetz nicht erfüllte, doch ganz sicher das Gesetz das Evangelium erfüllte" (Adversus Marcionem 5,14).

Anmerkungen

[1] A. von Harnack, Das Evangelium vom fremden Gott. Eine Monographie zur Grundlegung der katholischen Kirche. Neue Studien zu Marcion, Darmstadt 1960, S. 235.

[2] E. Bloch, Geist der Utopie, Frankfurt 1971, S. 330.

[3] J. Taubes, Die Politische Theologie des Paulus, München 1993, S. 85.

[4] Vgl. V. Lukas, Rhetorik und literarischer ‚Kampf'. Tertullians Streitschrift gegen Marcion als Paradigma der Selbstvergewisserung der Orthodoxie gegenüber der Häresie, Frankfurt a.M. 2008, S. 21-24.

[5] Vgl. zum Folgenden E. Dassmann, Der Stachel im Fleisch. Paulus in der frühchristlichen Literatur bis Irenäus, Münster 1979, S. 176-185; Th. Ruster, Der verwechselbare Gott. Theologie nach der Entflechtung von Christentum und Religion, Freiburg 2000, S. 90-97 und die dort gegebenen Hinweise.

[6] Harnack, Marcion (Anm. 1), S. 256*.

[7] Harnack, Marcion (Anm. 1), S. 129.

[8] Vgl. für die ältere Auffassung H. von Campenhausen, Die Entstehung der christlichen Bibel, Tübingen 1968, S. 104 ff. Der Einfluss Markions auf die Kanonbildung wird heute differenzierter gesehen, vgl. die Hinweise in Ruster, Gott (Anm. 5), S. 93.

[9] Dazu Johann Ev. Hafner, Selbstdefinition des Christentums. Ein systemtheoretischer Zugang zur frühchristlichen Ausgrenzung der Gnosis, Freiburg 2003.

[10] Dazu Lukas, Rhetorik (Anm. 4), S. 21.

[11] Vgl. Dassmann, Stachel (Anm. 5), S. 176; Ruster, Gott (Anm. 5), S. 97.

[12] Vgl. Ton Veerkamp, Autonomie und Egalität. Ökonomie, Politik und Ideologie in der Schrift, Berlin 1992, S. 38-45.

[13] Vgl. Harnack, Marcion (Anm. 1), S. 196-198.

[14] Harnack, Marcion (Anm. 1), S. VIII.

[15] Taubes, Theologie (Anm. 3), S. 84. Zu Harnack vgl. G. Wenz, Offenbarung, Göttingen 2005, S. 131-150.

[16] Taubes, Vom Kult zur Kultur, München 1996, S. 176.

[17] Vgl. Wolfram Kinzig, Harnack, Marcion und das Judentum. Nebst einer kommentierten Edition des Briefwechsels Adolf von Harnacks mit Houston Stewart Chamberlain, Leipzig 2004, S. 110-116.

[18] Zitiert nach W. Döbertin, Adolf von Harnack. Theologe, Pädagoge, Wissenschaftspolitiker, Frankfurt 1985, S. 15.

[19] Taubes, Theologie (Anm. 3), S. 81.

[20] A. v. Harnack, Das Wesen des Christentums, Gütersloh 1985, S. 159ff.
[21] Dazu G. Wenz, Religion, Göttingen 2005, S. 150ff.
[22] Vgl. G. May, Art. Markion/Markioniten, in: RGG[4], der die Nähe des Markionismus zu einem philosophischen Gottesverständnis hervorhebt.
[23] Vgl. – auch zum Folgenden – Kinzig, Harnack (Anm. 17), S. 155ff.
[24] Harnack, Marcion (Anm. 1), S. 217: „das AT im 2. Jahrhundert zu verwerfen, war ein Fehler, den die große Kirche mit Recht abgelehnt hat; es im 16. Jahrhundert beizubehalten, war ein Schicksal, dem sich die Reformation noch nicht zu entziehen vermochte; es aber seit dem 19. Jahrhundert als kanonische Urkunde im Protestantismus noch zu konservieren, ist die Folge einer religiösen und kirchlichen Lähmung." Zur Erläuterung vgl. Ruster, Gott (Anm. 5), S. 94f.
[25] M. Buber, An der Wende (1952), zitiert nach Taubes, Kult (Anm. 16), S. 177.
[26] Harnack, Wesen (Anm. 20), S. 141; 143.
[27] Harnack, Wesen (Anm. 20), S. 155.
[28] O.H. Pesch, Katholische Dogmatik aus ökumenischer Erfahrung, Bd. 1, Ostfildern 2008. Seitenangaben aus dem Teilband 1/1 im Folgenden im Text.
[29] So G. Wenz, Religion (Anm. 21), S. 69 nach N. Luhmann.
[30] H. Kessler, „Das Konzept Gott – warum wir es nicht brauchen"? Zu Burkhard Müllers respektablem Atheismus, in: M. Striet (Hg.), Wiederkehr des Atheismus. Fluch oder Segen für die Theologie, Freiburg 2008, S. 71.
[31] K. Müller, Streit um Gott. Politik, Poetik und Philosophie im Ringen um das wahre Gottesbild, Regensburg 2006, S. 18. Weitere Seitenangaben im Text.
[32] Ich erwähne dies, weil es mir so immer wieder begegnet ist: vor der franz. Revolution gab es nur Hexenverfolgung, Kreuzzüge, Inquisition und Unterdrückung – das ist das Ergebnis aus 13 Jahren Geschichtsunterricht.
[33] Dazu Weiteres in Ruster, Von Menschen, Mächten und Gewalten. Eine Himmelslehre, Ostfildern 2007, S. 198-304.
[34] Vgl. E. P. Meijering, Tertullian contra Marcionem. Gotteslehre in der Polemik. Adversus Marcionem I-II, Leiden 1977, S. 166f.
[35] Vgl. Lukas, Rhetorik (Anm. 4), 332-378; 538-543.

Autoren

Prof. Dr. Dr. h.c. Michael Beintker, Professor für Systematische Theologie, Direktor des Seminars für Reformierte Theologie an der Evangelisch-Theologischen Fakultät der Universität Münster

Prof. Dr. Giancarlo Collet, Professor für Missionswissenschaft an der Katholisch-Theologischen Fakultät der Universität Münster

Prof. Dr. Martin Ebner, Professor für Exegese des Neuen Testaments an der Katholisch-Theologischen Fakultät der Universität Münster

Prof. Dr. Dr. Alfons Fürst, Professor für Alte Kirchengeschichte, Patrologie und Christliche Archäologie an der Katholisch-Theologischen Fakultät der Universität Münster

Prof. Dr. Thomas Ruster, Professor für Systematische Theologie und Dogmatik an der Fakultät für Humanwissenschaften und Theologie der Technischen Universität Dortmund

Prof. Dr. Thomas Söding, Professor für Exegese des Neuen Testaments an der Katholisch-Theologischen Fakultät der Ruhr-Universität Bochum

Pfr. Dr. Robert Vorholt, Pfarrer in Dülmen, Mitarbeiter am Lehrstuhl für Exegese des Neuen Testaments an der Katholisch-Theologischen Fakultät der Ruhr-Universität Bochum

Bildnachweise

Seite 11: Paulusfenster im Ostchor des Paulusdoms in Münster

Seite 55: Horstmarer Paulus-Pokal aus der Domkammer in Münster

Seite 81: Paulusbüste im Dom zu Münster

Fotos: Michael Bönte, dialogverlag